三国侃史官

李飞 著

中国华侨出版社
·北京·

图书在版编目（CIP）数据

三国侃史官 / 李飞著. —北京：中国华侨出版社，2021.10

ISBN 978-7-5113-8597-0

Ⅰ.①三… Ⅱ.①李… Ⅲ.①中国历史—三国时代—通俗读物 Ⅳ.①K236.09

中国版本图书馆CIP数据核字（2021）185938号

● 三国侃史官

著　　者 / 李　飞
责任编辑 / 姜　婷
封面设计 / 一个人·设计
经　　销 / 新华书店
开　　本 / 710毫米×1000毫米　1/16　印张 / 15　字数 / 208千字
印　　刷 / 北京溢漾印刷有限公司
版　　次 / 2021年10月第1版　2021年10月第1次印刷
书　　号 / ISBN 978-7-5113-8597-0
定　　价 / 49.80元

中国华侨出版社　北京市朝阳区西坝河东里77号楼底商5号　邮编：100028
编辑部：（010）64443056　　64443979
发行部：（010）64443051　　传　真：64439708
网　址：www.oveaschin.com　　E-mail：oveaschin@sina.com

如发现印装质量问题，影响阅读，请与印刷厂联系调换。

前 言
Preface

东汉末年,帝王无能,外戚逞凶,社稷弛崩,各路军阀各显其能。一霎时风起云涌,神州大地战火轰鸣,大小军阀举兵互攻。大浪淘沙之下,究竟谁是枭雄?

何为枭雄?枭者,阴沉凶猛;雄者,豪肆骁勇。

枭雄和英雄其实异曲同工,都说乱世出英雄,其实乱世更出枭雄。名垂千古者是英雄,得天下者则往往是枭雄。个中原因我们都懂。

然,论枭雄之多,唯见三国。

三国,一个枭雄出没的时代,一段跌宕起伏的历史,一幕疑窦丛生的故事,一些永不过时的话题。正史、野史、戏剧、小说、演义,关于三国,不同时期有不同的看法,不同作品有不同的述说,谁是谁非,真真假假,众说纷纭;英雄枭雄,成败得失,各有其解。

三国那些事儿,有些凄惨,有些血性,有些甜蜜,有些风情,有些铁案板上钉钉,也有悬案迷雾重重……

思绪回到三国,这里有讲不完的故事,聊不完的话题。

现在,马上,开始,我们的"三国史"。

——趣料,秘史,逸事,知识,敬请看《三国侃史官》!

这是一本让你读得开心、记得牢靠、有趣有料有深度的三国史!填补你历史知识的空白,让你的才华轻松被激发,学习从此不枯燥,生活变得更有趣!

这是一本有灵魂、有内容的三国史，那些湮没在历史深处的人物在作者笔下的这一刻，不再是一个个生硬刻板的名字，而是一个个灵魂都散发着趣味的时代见证者。作者用现代人熟悉的诙谐手法，将三国的发展、更迭、龙争虎斗、爱恨情仇以独特的视角展现出来，精彩，不容错过！

　　这里需要说明一下，小生不是资深历史学家，因而书中讲述或许会存在那么一点偏差，就麻烦大家仔细地给小生纠错吧，小生在此谢过了！

目录
Contents

篇一　何屠夫无脑引援兵，董恶魔祸乱洛阳城

东汉末年，一个大舅哥引出的祸乱 / 2

西凉"良家子"，从小非良人 / 4

帝都，幼帝，我董卓来了 / 6

侯非侯，王非王，千乘万骑走北邙 / 8

丁原，你儿子其实也是我儿子 / 11

地狱空荡荡，恶魔在洛阳 / 14

我话讲完，谁赞成，谁反对 / 17

篇二　王司徒巧舌搞策反，吕奉先一怒为红颜

大家并肩上，干掉董卓这头狼 / 22

或许，这一次背叛是因为爱情 / 24

王司徒，你等吕布的好消息吧 / 27

蔡邕一声叹息，性命朝不保夕 / 29

李傕，你想投降？想得美！/ 32

兄弟们，擦亮刀枪，进军长安 / 34

两个笨蛋给曹操制造的上升空间 / 37

篇三　曹孟德借势竖大旗，袁本初一战入绝地

那些年，曹袁一起干过的坏事 / 40

当年，他也是个有底线的人 / 43

每一次成长，都离不开一段阵痛 / 46

袁绍对袁术，兄弟不和的隐情与内幕 / 48

河南宛城，一个美女引发的血案 / 52

贾诩，那个让曹操又恨又爱的男人 / 56

荀彧表示：袁绍无能，可以战胜他 / 59

田丰乱我军心，绑起来关禁闭 / 62

不听沮授言，祸事已不远 / 64

官渡，官渡，为何我输得一塌糊涂 / 66

老子这次打仗，就是为了帮你抢甄洛 / 69

篇四　刘玄德四处当小弟，诸葛亮初定三分计

这个皇叔身份，其实挺有意思的 / 74

跟谁谁枉死，刘皇叔也是绝了 / 77

天将降大任于斯人，必先令其受苦受难 / 79

隆中对，出了隆中不知道对不对 / 83
长坂坡单骑救主，赵云真猛 / 86

篇五 孙猛虎江东奠霸基，碧眼儿坐看风云起

孙坚他爹，到底是干啥的 / 90
我孙坚要死，你们谁能拦我 / 92
少年当有少年狂，哥是江东小霸王 / 94
周瑜，跟哥一起把江南平了吧 / 96
孙策之死，可能没有那么简单 / 98
升堂，拜母，以后都是自己人 / 100
孙权这人设，都是自己败光的 / 104

篇六 魏蜀吴三军战赤壁，周公瑾祭出美人计

刘表二子相争，曹操坐收渔利 / 110
谁再说投降，就跟案板一个下场！/ 112
周郎巧用反间计，烈火熊熊烧赤壁 / 115
我不说，你可能永远不知道的谎言 / 117
离间孙刘，曹操又碰了个软钉子 / 119
我周瑜，根本不是那样的人 / 121
益州，益州，快到叔的碗里来 / 124

篇七　关云长骄兵败麦城，陆伯言烈火烧连营

灭不了孙刘，我还灭不了你马超 / 128

马超是神勇的，也是悲情的 / 131

当年豪气半入土，已得关陇不望蜀 / 134

刘备，汉中我就让给你了 / 136

单刀赴会者，老夫鲁肃是也 / 138

关云长水淹七军，曹孟德封王建魏 / 140

陆伯言定下大计，关二爷败走麦城 / 144

小人物孟达，一个能牵动时势的奇葩 / 148

再失肱骨！张翼德酒后失德殒命 / 150

鹰立如睡虎行似病，正是曹丕的手段 / 153

曹子建才华横溢，可惜政治情商太低 / 155

刘玄德报仇心切，陆伯言火烧连营 / 160

篇八　战街亭北伐成笑谈，诸葛亮星落五丈原

用错人痛失街亭，诸葛亮连降三级 / 164

先帝，我真的尽力了 / 166

诸葛智慧：领导的决定没有错 / 168

反将魏延，这罪名委实有些冤 / 170

姜伯约反反复复，竭尽全力难救蜀 / 173

目录

篇九　执刀人老夫司马懿，荡三国乱战终停息

司马懿，这次真的危险了 / 178

我就当缩头乌龟，你能奈我何 / 180

曹叡，老夫终于把你熬死了 / 182

冢虎暴起，司马懿兵变高平陵 / 184

原来，这才是司马懿的真面目 / 186

天下由谁来坐班，司马氏说了算 / 188

东吴那帮熊孩子，一个比一个坑啊 / 193

篇十　看罢三国枭雄争霸，再品红颜异卉奇花

东京风格颓下，蔡文姬才气英英 / 198

嫁给刘备，是她的幸还是她的悲 / 202

夫恨兄嫌，孙尚香这辈子真难 / 206

东风不与周郎便，铜雀春深锁二乔 / 209

无端嫁得薄情郎，甄洛真的很受伤 / 214

东吴之乱，几乎都与这个女人有关 / 220

以貌取人，许允险些失了贤内助 / 226

篇一

何屠夫无脑引援兵，董恶魔祸乱洛阳城

天色渐暗，少帝与陈留王大眼瞪着小眼：想回家，四野茫茫，不知路在何方；不回家，又怕自己的万金之躯喂了野狼。正欲哭无泪之际，前方突然闪起了迷离的光……

刘辩：鬼火啊！

刘协：大哥，那是萤火虫！

……

东汉末年，一个大舅哥引出的祸乱

东汉末年，张角造反，天下大乱。

因为"黄巾起义"对国家伤害很大，全国上下展开了声势浩大的"平定行动"，所以不到一年，黄巾军就被清理个干干净净。

黄巾军一清除，宦官天团又开始作威作福，东汉的官员们因为在"平定行动"中被授予军权，也重新振作起来，双方为了争夺政治话语权，又撕打成了一片。

不过，这次的情况有点不一样，宦官对于官员们已经失去了压倒性的优势，因为，皇上他大舅哥何进，站队到了官员这一边。

这时，一个叫袁绍的官员子弟向何进建言，说咱们找个外援吧，这年头胜仗都靠外援打，找外援，收拾他！

袁绍话音刚落，宦三代曹孟德站出来反对了，说明明一名监狱工作人员就可以解决的事情，何必搞那么大动静，这事儿要出现一丁点差池，就要大祸临头了！

何进觉得曹孟德他爷爷是太监，谁知道他是不是在搞"无间道"，直接无视之。

主簿陈琳紧跟着也站了出来，用他那出众的文采给何进分析利弊：大将军您现在总握兵权，龙骧虎步，上上下下，全都听您召唤，您的威望不比皇帝低。咱有这个条件，收拾那帮宦官，还不像用火炉烧头发一样简单？您应当速发雷霆之威，行变通之法而当机立断，虽不太合法却合乎道义，天意与民心都倒向您，而您放弃手中利器，寻求外援。大兵聚集后，强者称雄，这就是江湖传言中的倒持干戈，把手柄交给别人，这么干非但不能成功，反而会招致大祸！

何进的反应是我不听、我不听、我就是不听！何大将军现在只爱听袁绍讲话，曹孟德与陈琳的话他都听不进去，这二位碰了一鼻子灰，也只好冷眼旁观了。

袁绍与何进正密谋如何消灭宦官天团。在这个关键时刻，自己人掐了起来。

解释一下，何家发迹，最初依靠的是宦官势力。何进要对付宦官，风声一传出，宦官首领张让、段珪等人立即找到何进的妹妹何太后、弟弟何苗要情面，二人于是力劝何进不要忘本、不要飘。

何进想灭宦官，当太后的妹妹却横加阻拦，硬来不行，那就玩阴的，何进决定召集"四大天王"，对自己的妹妹进行了一波逼宫。

尚书侍郎郑泰听说何进的外援名单里居然有董卓，急忙跑来规劝："董卓这家伙剽悍、凶狠、好残忍，而且鹰视狼顾，贪得无厌，您要是把他招进京来，必然会祸乱社稷啊！"同时劝阻何进的还有名臣卢植，但一心干大事的何进就是当作耳旁风。

何进招董卓、丁原进京，任王允为河南尹，袁绍为司隶校尉，袁术为虎贲中郎将，从京畿到洛阳再到宫门口，可以说武装到了牙齿。

何太后迫于压力，收回了宦官天团的权力，准备将他们赶出宫去。何进觉得自己现在更无敌了，牛气哄哄地独自入宫，结果……

张让、段珪等人说服何太后，得到最后一次上班机会，然后强行"王炸"，何进好大一颗头颅被抛了出来。

紧接着，洛阳城炸了！

卢植、王允炸了！袁绍、袁术也炸了！大家开始进宫砍人，见到没胡子的就砍，皇宫内外砍声一片，几天之内竟杀了2000多人。很多男人因为嘴上没毛，也被错杀了。

张让等人一看大事不好，带着小皇帝就跑。这个时候，被何进招进京的董卓跳出来收人头，将东汉彻底带进了三国时代。

西凉"良家子"，从小非良人

董卓，按汉朝的等级划分，属于良家子出身，但这家伙从小就不是个良人。

董爸爸曾在东汉王朝核心城市豫州工作，不过只是负责片区治安的小官。出生在这样的家庭，董卓若想在讲究门第和家学的东汉出人头地，太难了！但董爸爸的离职返乡，又给董卓来带了新的机遇。

董卓的家乡在凉州，因为靠近边境，胡汉混居，农牧混营，自古民风彪悍。据说在当地，你随便遇到个漂亮女孩，都有可能是战斗高手，有不知底细的登徒浪子在当地调戏良家少女，其结果那叫一个精彩。在这种彪悍民风的加持下，凉州军团的战斗力更是远在东汉其它军区之上。这么说吧，在凉州，出人头地靠的从来都是胯下的烈马和手中的长枪。

在这种环境中成长的董卓，少年时期就形成了一种放纵任性、好勇斗狠的性格。他不仅长得人高马大，力气过人，还通晓武艺，骑术了得，能手持两弓，左右驰射，战斗力爆表，天生就是当社会大佬的料。

他那野蛮凶狠的性格和粗壮强悍的体魄，使得他在当地很快就混出了名声，不仅十里八村把他当凶神恶煞，就连周边的羌人看见他都得叫一声"董哥"。他依仗地主豪强的出身和富足的资产，在当地黑白两道混得风生水起。

随着势力的不断膨胀和地位的相继上扬,"董哥"已渐渐不满足只做个地方豪强,他觉得凭借自己的能力和三商,完全可以在这乱世逆风飞扬,飞向朝堂。为了这个看似遥远的理想,董卓开始暗中积蓄力量,他在等待一个契机,借此青云直上。

这个机会,很快就来了。

当时,摇摇欲坠的东汉朝廷亟需解决西羌问题。这对于董卓来说,无疑就是一个"好风凭借力"的发展契机。

延熹十年、永康元年(公元167年),董卓被任命为羽林郎,统管元郡(汉阳、陇西、安定、北地、上郡、西河)羽林军。不久,上头又升他为军司马,让他跟从中郎将张奂征讨并州反叛的羌人。在这次征战中,董卓同志充分发挥他勇猛强悍的优势,纵横冲杀,左右开弓,由于表现突出,正式进入当权者的视野,屡次升迁,一直官拜并州刺史、河东太守。

不过,凉州军团虽然为朝廷排忧解难,立下彪炳战功,却始终被当权者们防备和排斥,比如威震天下的凉州三明之张奂、皇甫规,仅仅因为得罪过宦官就被解除兵权、解甲归田;凉州三明之段颎,虽然折了膝盖,甘愿给宦官当孝子贤孙,谁知靠山说倒就倒,自己也落了个被逼自尽的下场。

凡此种种也让董卓看清了一个事实——在被关东人势力覆盖的权力中枢,他们这帮西凉武将想要获得公正待遇太难了!他知道,想要实现自己的终极梦想,只能采取非常规手段了。

帝都，幼帝，我董卓来了

黄巾之乱爆发以后，东汉朝廷派皇甫嵩、朱儁领兵征讨颍川，同时，任命卢植为中郎将，征讨河北黄巾军。

本来，卢植已经取得了初步的胜利。他在河北给了张角沉重的打击，斩杀张角部队万余人，迫使张角从冀州撤往广宗。

结果，正当卢植建筑拦挡、挖掘壕沟，制造云梯，准备趁热打铁，一鼓作气拿下张角时，汉灵帝刘宏派来了心术不正的太监左丰视察军情。有人劝卢植给左丰意思意思，卢植很有骨气，坚决不肯意思意思，左丰特别生气，向刘宏打小报告，说卢植不好好打仗，出工不出力。刘宏也不调查，直接用囚车押解卢植回京，并让董卓代替卢植到前线指挥作战。

董卓心里大喜，这是再次露脸的大好机会啊！可惜，寸功未建，还因为战场上的一些小失利被一撸到底。董卓直接给当时如日中天的十常侍送大礼，在朝中大佬那里拿下了非常好的印象分。所以当韩遂作乱、凉州战事再起时，朝中大佬们第一时间就想到了起用董卓。

这一次，董卓开始有了闪闪发光的功勋。

这一次，董卓因抗击边章、韩遂有功，战斗中指挥得当，表现突出，而且上头还有人说话，不久便被封为台乡侯。

镇压凉州叛乱以后，董卓实力越来越强。其军队主体是战斗力强悍的"湟中义从"和其他羌汉混合兵。这是董卓培植豢养的一支私兵，只听命于董卓。

篇一
何屠夫无脑引援兵，董恶魔祸乱洛阳城

东汉政府为了巩固西北边防，需要董卓这样的人。但董卓的迅速壮大，又让东汉政府忐忑不安，于是，朝廷先后两次要董卓到洛阳任职。

第一次，朝廷让董卓到洛阳当少府。这可是京官啊！而且位列九卿，多少人对董卓羡慕嫉妒恨，董卓也很高兴，可一听到后面的附加条件，董卓不干了。原来，作为入京条件，朝廷让他把帐下兵马移交给皇甫嵩。董卓明白了：这是想夺老子兵权！朝中这帮人太坏了！处处给我们西凉人使阴招，不去！

但不去，这是违抗皇命，虽说"将在外，君命有所不受"，但"不受君命"必须有个合情合理的理由吧？巧了，就在这关键时刻，羌人动乱，送来了理由。董卓当即表示：羌人乱我大汉之心不死，又来搞事情，我董卓怎能在此时置国家危难于不顾、置西凉百姓于水深火热，去贪图高官厚禄，我董卓不是这样的人！

此后，中央政府一传出调任董卓的风声，羌人就开始搞事情，董卓就赶紧告诉朝廷，这边又发生动乱了，臣离不开啊。至于这些羌族和朝廷为什么这么有默契，我们就不得而知了。

董卓之所以死活不离开军队，就是为了让自己拥有在东汉这个大江湖中站稳脚跟的实力；而他之所以敢跟朝中大佬们虚与委蛇，恰恰就是因为他拥有一支战斗力极强的军队。这二者，是相辅相成的。

东汉政府无奈之下，只能退让一步，给他一个实权很大的官职———并州牧，这也可以把他调离其根据地凉州。董卓看穿了朝廷的用心，遂要求带上亲兵。国家疲弱之际，无力和强臣讨价还价，只好答应董卓的要求。于是董卓带上三千亲兵，前往并州赴任。

董卓赴任过程中，汉灵帝驾崩了，给东汉王朝留下了一个重大的历史转折点，这个转折点好像是专门给董卓预备的。董卓嗅到了机会。

侯非侯，王非王，千乘万骑走北邙

汉灵帝倒下后，汉少帝刘辩继位，刘辩的母亲何太后立即把持朝政，何太后的哥哥就是大脑经常短路的何进！

东汉王朝，迎来了外戚与宦官的最后一次火拼。何进为了不重蹈窦武的覆辙，增加自己制胜的筹码，对董卓晓之以理，动之以情，诱之以利，以圣旨名义召他立即进京讨伐宦官张让等人。地方豪强趁机上台，把持了政权，天下就这么乱了。

董卓接到圣旨后，大喜过望，立即召集人马，连日引军进京。谁知他还没赶到洛阳，何进就在政治互殴中被张让等人干掉了。这时，袁绍、袁术兄弟都在洛阳统兵，听闻老大被杀，放火烧毁南宫，开始屠戮宦官，追杀张让等人。

而董卓，虽然也认何进为老大，却带着部队一直驻扎在洛阳城西的夕阳亭，按兵不动。探子接连来报，先说何老大被人割了人头，又说袁氏兄弟疯狂杀人报仇，董卓都毫无表示。

直到消息传来——张让一伙挟持皇帝和陈留王逃出洛阳，董卓才拍案而起：干得好！

他起身遥望帝都，只见那边烈火连云，于是当机立断，下令全军开足马力，追张让，救皇上！可以说，不管是在城内持刀杀人的袁绍，还是在城外摇旗助威的丁原，在时机的把握上，此时都略逊董卓一筹。

篇一
何屠夫无脑引援兵，董恶魔祸乱洛阳城

张让等人挟持刘辩、刘协沿着黄河一路狂奔，越逃人越少，越逃希望越小。眼见身后追兵渐近，张让心知自己这次有死无生，对着刘辩纳头一拜，凛然说道："臣等忠义之人尽被诛杀，军阀势力必将做大，天下大乱近在眼前，陛下多多保重啊！"说罢，一个猛子扎入滔滔黄河，做了黄河水鬼。

至此，豪横外戚与宦官天团历经 90 余年明战暗战以后，最终选择了同归于尽，华夏再次出现宦官专权的局面，已经是几个世纪以后的事情了。而东汉的政治局势也从这一刻开始斗转星移。

正如张让预料，枭雄势力的崛起，注定一个真正的乱世即将来到。

张让死后，挟持少帝的队伍一哄而散，就只剩下了刘辩和刘协这对难兄难弟。兄弟两个虽然头顶皇室光环，境况其实与流浪儿差不多了。

天色渐暗，少帝与陈留王大眼瞪着小眼：想回家，四野茫茫，不知路在何方；不回家，又怕自己的万金之躯喂了野狼。正欲哭无泪之际，前方突然闪起了迷离的光……

刘辩：鬼火啊！

刘协：大哥，那是萤火虫！

此时，这星星萤火，在兄弟二人眼中简直就是苍天派下来的使者，他们深一脚浅一脚，向着有光的地方漫无目的地游荡……

北邙山，从这一刻起，注定青史留名。

却说刘辩与刘协兄弟二人在萤火虫的指引下竟来到一庄园，那庄园主人也是个好人，见这俩走丢的孩子着实可怜，话不多说，套上牛车就送他们前往京都洛阳。三人一牛行至北邙山下，但见前方一条火龙迅疾扑来……

早前，洛阳附近曾流传着一首很火的童谣：侯非侯，王非王，千乘万骑走北邙。没人知道谁是它的创作者，也没人知道它讲的是什么内容，到了此时，谜底终于揭晓。

原来，董卓听说皇上被太监挟持跑路，立即率部追赶，沿途一路追至北邙，表示一定要迎圣驾回洛阳。

刘辩在北邙山下远远望见一大队人马扑奔自己而来，瞬间把魂吓飞了，双腿打颤，号啕大哭。

及至来到刘辩近前，董卓与皇帝礼仪一番，便问起事件经过。刘辩当时都吓蒙了，东一言西一语毫无逻辑，完全讲不明白。董卓板起脸来一本正经地批评了皇帝一番，刘辩当时尴尬极了，可他又不敢回怼董卓，便站在那里低着头、红着脸，一声不吭。

看到这种情况，9岁的刘协只好站出来为14岁的哥哥解围。他与董卓对答如流，讲起话来有法有章，不卑不亢，董卓心里喜欢的不得了。回洛阳时，两人还共乘一马，相谈甚欢。

大概这个时候，董卓心里就有了废长立幼的想法。

洛阳将近，面对浩浩荡荡的迎驾队伍，刘辩终于抹干了泪水，结结巴巴下了道圣旨：大军停止前进，不得进城！

董卓部队置若罔闻，依然策马前行。旁若无人地大摇大摆带兵开进了洛阳。

这董卓，看来是真把自己当作扶大厦将倾的中兴之臣了。

丁原，你儿子其实也是我儿子

皇帝终于结束了颠沛流离，回家了，董卓与之并驾齐驱。

此时此刻，洛阳城早已乱成一片，毫无帝都景象可言。皇帝被绑了票，大将军也被割了头，城中没有一个权威领导，军阀们暴露了他们的恶性，不同派系相互攻伐。

要说洛阳城此时也有一个比较厉害的军事首领，那就是丁原，何进曾经的小弟。这个丁原本身倒不是特别厉害，但他有个干儿子特别厉害，这个人叫吕布！吕布的战力值不用多说了吧？如果此时父子同心，洛阳城中他们真的没有对手。但是，董卓来了，一切都变了。

看看董卓的行动吧！

董卓初到洛阳，实力并不强大，只带来区区不到三千兵马，自己都觉得底气不足。长期统兵的董卓深知：要想震慑百官，控制朝廷，必须依靠强大的军事力量。为了给皇帝和百官造成强烈的军事威慑影响，他每隔四五天就命令部队趁着夜色悄悄溜出洛阳，翌日一早再浩浩荡荡开进城中，旌旗招展，战鼓喧天，俨然千军万马源源不断。几乎所有洛阳人，都被董卓骗了，感觉这家伙实力太强大了，没人敢和他叫板。

虽然假象能够暂时迷惑人，但谎言总有被戳穿的一天，董卓此举当然只能是权宜之计。于是，稍稍调整后，他便开始采取实际行动，扩充兵力，收揽兵权。

何进的下属吴匡与何进的弟弟何苗素来不和，平常一见面就唇枪舌剑恶语相加，这次何进遇难，多少与何苗有些关系，吴匡甚至怀疑是何苗勾结张让弄死了自己的哥哥，于是怨念愈深。

董卓获悉此事，立刻让自己的弟弟董旻再去添一把火。董旻找到吴匡，好一顿猫哭耗子，说何进死得真惨，那场面，好像自己是何进的亲儿子似的。吴匡感念何进对自己的知遇之恩，被董旻撩得怒发冲冠，发誓要干死何苗，替大将军报仇。董旻趁机怂恿吴匡发动兵变，二人一拍即合。他们的行动策略简直不要太简单，只说了一句："大将军是何苗杀的！"何苗立马去了黄泉。

何苗死后，董卓坐收渔翁之利，不费一兵一卒收编了何进、何苗的嫡系部队。

董卓现在最大的威胁是丁原。丁原入城后接管了洛阳守卫，纸面实力完全不输董卓。

而且，董卓的西凉武装虽然因为长期与羌胡等少数民族作战，比较能打，可人家丁原的并州武装，也长期在北疆对抗匈奴、鲜卑，同样比较能打。真打起来，丁原一点不怵董卓。

更何况，丁原手下还有三国头号战将吕布，干架能力相当恐怖。

但丁原这个人有一个致命缺点，就是行动太慢。

当初何进召董卓、丁原进京，两个人分别到达指定地点，杵在那里观望形势。京城突然传出何进被杀的消息，董卓瞅准时机，抢先一步得到少帝，因此顺理成章制霸朝堂。而丁原只知道在那里摇旗呐喊虚张声势，策略上明显比董卓慢了一步，所以进京以后根本没捞到什么实质性的好处，只被先下手为强的董卓象征性地升了个职，当了个有名无权的执金吾。

丁原心里也是相当憋屈，因此铆足了劲和董卓对着干，凡是董卓提议的我都反对——反正你董卓拿我也毫无办法。

然而，丁原忽略了一个事实——利益可以导致关系变质。

丁原阵营并不是铁打的兵，以吕布为首的大将们发现自己的领导政治觉悟太差劲,跟着这样的领导没有肉吃,思想开始不纯粹了。

传说,董卓仅仅用一匹大红马和一点金银珠宝,就成功地将吕布从丁原的干儿子变成了自己的干儿子,吕布反水,丁原做鬼。

吕布:"哦,你们知道,这是一个很艰难的决定,我决定把天赋带到董家军中。"

不过,不管吕布把自己的反水行为渲染得多么堂而皇之或是迫不得已,天下枭雄都对他的这种背主勾当产生了极深的鄙夷,从此吕布在江湖中行走,枭雄们见到他都忍不住大喊一句:"丫卖爹!"

再说丁原,他死就死在了行动太慢上。何进死的时候,他不如董卓行动快,因而丧失了控制局势的先机;与董卓为敌以后,丁原的反应速度甚至还没有董卓收买吕布快。作为董卓当时唯一忌惮的对手,丁原每天除了与董卓互怼,根本没有构思针对性的策略、采取实质性的行动,于是被董卓以迅雷不及掩耳之势收买了吕布,并将其干掉。

这真是血淋淋的教训啊!

请大家记住这样一句话:人生来是为有所行动的,就像火总向上腾,石头总是下落。对人来说,一无行动,也就等于他并不存在。

丁原一无行动,所以他不存在了。

此时的董卓应该是志得意满、兴奋异常的,但是他肯定没有想到,就在不久的将来,吕布重演了这个剧情,送他去见了丁原。

好了,先说目前。此时此刻,帝都洛阳的军政大权全都集中到了一人手上,这个人自然是董卓。至此,董卓成功开辟了一条地方豪强霸凌朝堂的先河,东汉政府进入了名存实亡的阶段。

而对于董卓来说,为所欲为的时刻终于来到了!这一刻,黑云滚滚,狂沙漫天,整个洛阳都被笼罩在了黑暗之中。

地狱空荡荡，恶魔在洛阳

董卓刚一控制洛阳，就暴露出他暴虐凶残的一面。

对于百姓，他以酷刑施压，小事严打，轻刑重罚；在朝堂上，他锱铢必较，睚眦必报，秋后算账——我记得，小时候你骂我一句，今天我就要拿小皮鞭抽你；当初我在西凉搞政绩，你弄得我很压抑，今天我就判你个流放千里。不过，不管怎么说，这还有点治乱世用重典的意思。但下面这些行为，可就让人毛骨悚然了。

董卓率兵进洛阳时，见城中豪宅连绵，有钱人比比皆是，便动了不好的心思。控制洛阳后，他便搞了一个所谓"收牢"运动——放纵士兵到处杀人放火，无数物资被劫掠，无数美女被欺凌，洛阳城被闹得鸡犬不宁，老百姓怨气冲天，骂声载道。可是，绝对权力控制之下，谁又能制裁他呢？

干掉丁原以后，董卓残忍不仁的恶性更加膨胀，他不再只向有钱人下手，他的士兵像土匪一样，经常四处劫掠，残暴百姓。有一次，董卓麾下羌兵进驻阳城，恰巧赶上当地百姓在举办乡社集会，大概就相当于现在的篝火晚会。明摆着，这是造势宣传"爱民如子"、"军民鱼水情"的大好时机，但董卓似乎觉得自己根本不需要——我爱不爱民，你们又能拿我怎样？

羌兵们见到百姓就像看到猎物一样，在老百姓喜乐开怀、毫无防备的情况下，突然如虎入羊群，持屠刀肆意砍杀。不过片刻工夫，集会上的男子全部被杀死，他们的头颅被残忍地割下，血淋淋地并排系在车辕上，令人触目惊心。然后，他们又将财物洗劫一空，将女人全部赶到车上，招摇过市返回洛阳，沿途高呼："出征剿匪，凯旋！"简直是一群魑魅魍魉！

回到洛阳，在城门之外，他们把百姓的头颅堆在一块，用烈火焚烧，一瞬间焦气冲天，弥漫在洛阳城中，久久不散。而劫掠来的女人们，则被董卓像战利品一样分给士兵，惨遭非人的践踏。这还是人能办出来的事儿？

不仅如此，董卓还祸乱后宫，跑到皇帝家里，见到好看的妃子、公主、宫女，就对人家强行不文明，这在封建社会，就是诛九族的大罪！

往后剧透一点。

迁都长安时，为了防止官员和人民逃回故都洛阳，董卓将整个洛阳城以及附近二百里内的宫殿、宗庙、府库等大批建筑物全部焚火烧毁。昔日兴盛繁华的洛阳城，瞬时之间变成一片废墟，凄凉惨景令人不忍直视。

为了攫取财富，董卓还派吕布洗劫皇家陵墓和公卿坟冢，尽收珍宝。

整个洛阳城狼藉不堪，在董卓肆意践踏破坏下，已是千疮百孔，满目疮痍。曹操见状痛心疾首，却又无可奈何，只能作诗泄愤：

贼臣持国柄，杀主死宇京。荡覆帝基业，宗庙以燔丧。播越西迁移，号泣而且行。瞻彼洛城郭，微子为哀伤。

来到长安以后，董卓变本加厉。

为了自己聚敛巨额财富，董卓大量毁坏通行的五铢钱，还下令将所有的铜人、铜钟和铜马打破，重新铸成小钱。粗制滥造的小钱不仅重量比五铢钱轻，而且没有纹章，钱的边缘也没有轮廓，不耐磨损。小钱的流通直接导致了严重的通货膨胀：货币贬值，物价猛涨。据史书记载，当时买一石谷大概要花数万钱。老百姓苦不堪言，生活陷于极度痛苦之中。董卓却利用搜刮来的钱财，整日歌舞升平，寻欢作乐，生活荒淫无度。

　　有一次，他设计诱降了一批起义人员，至于是怎么诱降的，史书中倒没细说，反正董卓三商都不低，加上起义首领可能没读过多少书，降服他们，对董卓而言估计并不费力。关键是招安他们之后，董卓采取的手段简直惨无人道！

　　以下内容，极易引起不适，请谨慎阅看。

　　却说董卓诱降起义军以后，搞了一个庆功晚宴，邀请文武大臣都来参加，席间一些没骨气的文官开始歌功颂德，气氛很是和谐。酒过七八巡，董卓说，列位，我给大家整点节目助助兴！然后演员入场，场面宏大，有数百人之多，清一色被招安的起义人员。诸人站定，还以为董卓要给他们加官晋爵，却听董卓对自己的部下们说：兄弟们，请开始你们的表演！

　　为不至于让读者有恶心反胃的感觉，咱们还是用史书原文介绍吧：

　　先断其舌，或斩手足，或凿眼，或镬煮之，未死，偃转杯案间。

　　大臣们瞬间就被吓醒了酒，全身上下瑟瑟发抖，筷子都拿不住了，有胆小的，甚至直接打湿了裤子。再看人家董卓，面不改色，该吃吃，该喝喝，谈笑自若。要不说，人跟人不一样呢，当然，人跟禽兽更不一样。

　　是董卓天性就是恶魔，还是他想通过杀伐立威，除了董卓自己，应该没人能够说得清，但是，凭借他的三商，他应该知道，如此的倒行逆施，相当于是在给自己挖掘坟墓。

我话讲完，谁赞成，谁反对

剧情前拉。

丁原死后，董卓一家独大，又收获干将吕布，整个洛阳再无人有实力与之抗衡。

人一旦没有对手，就会不知天高地厚。

董卓现在便是这样，在最大程度继承了何进的政治遗产以后，膨胀得像个气球，感觉皇帝在手，天下我有，于是开始肆意妄为。当然，不管多么丧心病狂，牌坊还是要立的。

不过，既然有强大的实力做后盾，立个牌坊还不容易吗？——反正牌坊我就立在那，我不管你们怎么想，我自己高兴就行！

当时，占卜还很流行，人们的思想和行为很容易被占卜的结果所左右，刘秀他们起兵之前，不也是找大师算过一卦吗？恰巧董卓掌权那一年，天下大旱，大家都说这是天怒人怨，至于怒什么、怨什么，没人敢说。

董卓说，那咱们就算一卦吧，算一卦就真相大白了。结果卦象显示，是有个大臣胡作非为，惹得上苍震怒，天上那位表示：不把这个害群之马清除掉，老子就是滴雨不下！

文武百官我看看你，你看看我，都在心里嘀咕：这谁管得了，又有谁敢管啊？嫌自己命长了吗？

董卓见众人一脸苦相、默不作声，猛地一拍桌子："这个人必须开除！不要让一粒老鼠屎搅了一锅好米粥。"

百官心说，董卓果然是个狠人，发起狠来连自己都骂。

接着就听董卓说道："大司空，你说，你是不是占着茅坑不办事，严重渎职？"

司空虽然位列"三公"，但此时此刻，这种背景下，他敢跟董卓申辩吗？工作要紧还是命要紧？于是，一个当朝司空，就被董卓以"莫须有"的罪名，轻而易举地罢免了。不过，对于东汉末年那些官员来说，这罪名完全"莫须有"吗？

人被免了职，但职位不能空啊，该提拔谁呢？董卓说，为了国家的繁荣稳定，我受点累，毛遂自荐一下子……从此位列"三公"。

只手遮天以后，董卓想起当年北邙山下那瞬间闪过的念头，他开始了一生之中最为辉煌的操作。不过这次有点操之过急，牌坊都没来得及立。

公元189年，在一次工作会议上，董卓当众提议：废除刘辩帝位，降为弘农王；改立陈留王刘协为帝。他的理由是：刘辩任职期间，工作表现不佳，把国家搞成一团乱麻，而且本身能力有限，无法力挽狂澜；陈留王刘协虽然年幼，但天资聪慧，假以时日，必能中兴大汉！我老董有此提议，绝无半点私心，纯粹是出于为国家长治久安的考虑！我话讲完，谁赞成，谁反对？

百官闻言，你看看我，我看看你，都不说话，谁也不想出这个风头。董卓见百官一副骨寒毛竖的怂样，笑了，随即霸气横溢地说道："既然如此，那……"

这次董卓话没说完，一个愤怒的声音打断了他，只听那人怒道："董胖子，你一个没有文化的地方官员，从没参与过朝中政事，你装什么先知！还妄想学伊尹、霍光行废立之事？有伊尹之志是为立，无伊尹之志就是篡！你就是个乱臣贼子！"

董卓循声望去，原来是尚书卢植，董卓脸上的横肉一阵抽搐，猛然起身拔出佩剑，指着卢植大骂："你算什么东西，竟敢质疑我的耿耿忠心，来人啊,拉出去砍了!"

多亏平素很受董卓敬重的蔡邕苦苦相劝,董卓卖了个面子给蔡邕,卢植才幸免于难,但丢官却在所难免。

袁绍见状,觉得自己也应该当众恶心恶心董卓,为自己赚点名声,日后肯定有用,于是昂首挺胸站出来说:"皇上没大错,说废就废,天下人不服!"

董卓又笑了,把佩剑对着袁绍凌空比画几下:"你爹袁逢看见我都得点头哈腰,你小子在这装什么大尾巴狼?你以为你董大爷的剑不锋利吗?"董卓是一个非常残忍的人,这话他说得出,自然做得到。

如果袁绍说他当时不害怕,那肯定是在吹牛皮。当时,那把剑距离袁绍的喉咙只有2米,袁绍虽然毛骨悚然,冷汗早已打湿内衫,但还是硬撑着抽出佩剑,对着董卓也比画几下,吼道:"你以为我袁某人是吓大的?你以为天下就你最强了?"说完,掉头就跑,腿如疾风,迅若闪电,只留给世界一个潇洒的背影。

有了卢植和袁绍的经验教训,群臣再也不敢有反对意见,文武百官噤若寒蝉,大汉朝堂万马齐喑,最后,董卓的提议全票通过。何太后亲自下诏废掉自己的儿子刘辩,降为弘农王,改立陈留王刘协为帝,是为汉献帝。何太后呜咽流泪,文武官员满目悲怆,但谁都不敢吱声。

完成这一法定程序后,何太后已经没有什么用处了,三天后,董卓下令用鸩酒将何太后毒死,何太后的母亲舞阳君亦被杀,尸体抛入御花园。何苗被开棺戮尸。东汉最后一家专权的外戚家族彻底灰飞烟灭。

没过多久,董卓觉得"三公之一"的身份,已经与自己的实力不匹配了,于是又自己给自己升职,任太尉。后来觉得这样还不过瘾,自任相国,假节钺。

假节钺解释一下:就是皇帝不在的时候,可以不经皇帝批准,自行行使生杀大权。说白了,就是皇帝老大,他老二。

整个洛阳，不，整个天下，目前再也找不到能与之抗衡的人了。董卓此时，要将有将，要兵有兵，要权有权，要钱有钱，帝都由他控制，皇帝任他操纵，他说一没人敢再说二。或许，此时的董卓已经有了更大野心——皇帝大家做，我也可以嘛！

人失去了约束，恶性就会凸出，人失去了阻挡，就会极度猖狂。董卓终于忍不住像洪水冲开闸门一般放声大笑起来。

这笑声绝对发自肺腑，曾几何时，作为区区"良家子"，他董卓只能仰望朝堂；曾几何时，因为西凉身份，他董卓受到多少排斥；曾几何时，为了保住官职，他董卓处处跟人装孙子！如今，他董卓站到了巅峰之上，那些曾轻视过、排挤过、折辱过、打压过他的人，此时在他眼中，又与蝼蚁何异？属于他董卓的时代，真的已经来临了！

董卓越想越解气，越想越得意，他拍了拍吕布的肩膀，展颜道："奉先，我们走！"

篇二

王司徒巧舌搞策反，吕奉先一怒为红颜

王允这时站在长安城最高的地方，俯视着如鸟兽散的西凉残军，如同看着慌不择路的蝼蚁，他的嘴角泛起阵阵冷笑。

对于这些败将残兵，王允心里没有丝毫仁慈，他既没有赦免他们，也没有下令消灭他们，他似乎更想看到他们走投无路，自生自灭。

……

大家并肩上，干掉董卓这头狼

董卓的倒行逆施终于激起了全国上下的愤怒与反抗。议郎杨勋与皇甫嵩秘密商议，准备共同起事，讨伐董卓，在这关键时刻，皇甫嵩突然被征调，杨勋势单力薄，不敢拿鸡蛋硬碰石头，第一个"反董计划"宣布流产。

没过多久，冀州牧韩馥、兖州刺史刘岱、豫州刺史孔伷、南阳太守张咨和渤海太守袁绍等10余人纷纷起兵，竖起"反董"大旗，从此开始了大规模持续反抗董卓的斗争浪潮。

随后，长沙太守孙坚率领豫州各郡军队宣布替天行道，征讨董卓。结果，在今汝州梁县西南被董卓部将徐荣打了个落花流水，联合孙坚"反董"的颍州太守李旻也被生擒活捉。

顺便提一句，徐荣这个人其实很厉害，单凭武力值来说，也应该成为三国一员响当当的战将。

孙坚一生只打过三次败仗，第一次败于"黄巾战队"，最后一次输给了黄祖，孙坚也因此搭上了性命。但这两次都是因为孙坚好勇斗狠，单骑冲杀，导致自己陷入埋伏圈。

而孙坚与徐荣的这场战斗，双方可都拉开了架势，正经八百的两军对战，结果，孙坚惨败。要不是手下大将祖茂赤胆忠心，甘心给孙坚当替身演员打掩护，孙坚能不能够逃出生天都两说。

徐荣还曾在酸枣地区把曹操打得连滚带爬，曹操不仅战马光荣牺牲，自己也受了伤。要不是曹洪发挥伟大的舍己救人精神，将战马让给了曹操，又有夜色给曹操打掩护，老曹说不准当时就挂了。

徐荣这两位手下败将，可都是未来三国的奠基人，这胜仗含金量不是一般的高，说徐荣是三国武将中的一流高手，他绝对承担的起。

然而，徐荣虽然厉害，但他在董家军却吃不开。很多时候，能力固然重要，却未必能够成为一个人进阶的阶梯。当然，如果个人能力像吕布那样超群绝伦，那又另说。

史书里没说徐荣为什么不受董卓重视，但从两个方面我们可以看出些许端倪。

一是圈子因素。跟随董卓进京的五大干将，只有徐荣一人是东北人，其他四人都是凉州人，就连牛辅手下的李傕、郭汜、贾诩等人都是凉州老乡。这就跟古代某些商人组成的同乡会差不多，同一地区的人抱团取暖，利益共享，外人根本挤不进来。

二是受限于董卓的战略部署。董卓为了遏制讨董盟军，将自己的心腹战将分别派驻各地屯兵，牛辅守安邑、董越据渑池、胡轸卫长安、段煨屯华阴，战将有了自己的辖区，就有实权，在最高领导面前也格外受重视。而徐荣，可能是因为能力太突出了，被派出去跟各路强敌厮杀，胜仗没少打，谁知竟把自己打成了小人物。

当然，小人物也是了不起的，只是乱世的最后胜利者注定不是小人物，所以他们最终往往被历史所忽略。

却说孙坚被徐荣挫败，也不气馁，重整兵马，鏖战虎牢关。此时山东诸路豪杰也纷纷揭竿而起，声讨董卓。

董卓见关东军气势汹汹，对洛阳形成了有效威胁，遂决定迁都长安。迁都之前，董卓先毒死前少帝弘农王刘辩，又因袁绍带头反对自己，灭了老袁家一户口本，袁氏自袁绍叔父太傅袁隗以下，死者50余人。

司徒王允早有除掉董卓之心，可是考虑到董卓平时戒备森严，而且他本人武力过人，如果不采取周密措施，恐怕不易得手。几番思量，王允想到了的吕布……

《三国演义》用一出离奇的美人计展现了整个事件的过程。一个倾国倾城的女子为了家国大义，周旋于两个勇猛的男人之间，进而将他们玩弄于股掌之间，略施计谋，便将董卓这一大害轻易除去。这种充满艳情的故事很符合听众的需要，但真实性就值得商榷了，大家随意看看就好。

要知真相如何，咱们还是看正经历史吧。

或许，这一次背叛是因为爱情

自火烧洛阳，迁都长安后，把持朝政的董卓仗着勇冠三军的干儿子吕布更加穷凶极恶。一天，百官在朝堂议事，突然吕布来到董卓身边，耳语数句，董卓点了点头，吕布来到司空张温身边，一声令下，将张温揪下朝堂，不久，侍从将一红盘托张温头入献。董卓命吕布劝酒，把人头在各人面前一一呈过，然后说道："你们对我孝顺，我不害你们，我是受天保佑的人，害我的人一定会失败。"一个大臣就这样无缘无故地残杀了。王允惊惧的同时，免不了兔死狐悲。

天已很晚，王允仍站在荼蘼架旁想着白天的事情。他知道要除董卓，就必须先离间董卓和吕布的关系。殊不知，此时吕布对董卓已经有了恨意。

史书记载："卓自以遇人无礼，恐人谋己，行止常以布自卫。然卓性刚而褊，忿不思难，尝小失意，拔手戟掷布。布拳捷避之，为卓顾谢，卓意亦解。"

董卓对自己的这个干儿子吕布的确是信任的，但董卓的信任对于自负甚高、睥睨天下的吕布来说，却有些接受不了。

首先，董卓虽然给吕布升了官，让他做中郎将，但只拿他当自己的贴身保镖使用。吕布呢，好歹也是有能力、有身份的人，也想在这乱世好好干一番大事业，但如今呢，兵权没有不说，还成了人家的保镖加打手，心里难免有几分憋气。

好，这也就罢了，保镖就保镖，打手就打手吧！然而，自己跟随的这个老大脾气还很臭，稍不顺心就拿自己出气，动不动就拿戟拍自己，这是拿自己当儿子吗？谁家爸爸教训儿子使用冷兵器啊！

之后，又发生了一件事，这件事很重要，它可能是吕布背叛董卓的直接导火索。

史书上说，吕布和董卓的婢女发展出了超乎友谊的情感。大家注意，史书上说的不是董卓的妻，也不是妾，只是一个婢女，因为这事，董老大竟拿戟掷吕布，要不是吕布身手敏捷，人高腿长跑得快，搞不好就要挂彩。

史书上对这个婢女只是一笔带过，没有任何记载，但，据笔者想来，这可能是吕布遇到的一个真爱。我们不妨展开联想，去试着还原一下当时的场面。

为方便书写，咱们就给那位婢女随便起个名字吧。

却说吕布背叛丁原投奔董卓以来，徒得虚名，一直不受重用，还要充当出气筒，每天淤气于胸，心事颇重。这一切都被董卓府里一个叫蓉儿的婢女看在眼里，蓉儿久仰吕布大名，又见他长得果然如人中龙凤，不知不觉情愫暗生。

吕布自幼混在军中，哪曾遇到过这般温柔光景，二人一来二去眉来眼去，便暗通款曲。

事后，吕布对蓉儿指天发誓，一定向义父提请婚事，成为蓉儿这辈子都可以依靠的男子。吕布是这么想的，也是这么做的，在他看来，自己为董卓鞍前马后，向他讨娶个婢女不就是一句话的事吗？

谁知，吕布不提还好，这一提反而激起了董卓的好奇心：我府中有这么好看的姑娘吗？连吕布都动心了，我定要看个究竟！这一看之下，顿时发觉，这个自己平时并未在意的婢女，竟然款款动人，风情万种。当下也不顾什么父子情义，就对蓉儿姑娘不文明了。

当天，吕布兴冲冲地赶到相府，准备正式提亲。但吕布来到相府时，董卓正在做坏事。吕布等了一夜，第二天早晨得到的答复却是："夜来太师与新人共寝，至今未起，可能是太劳累了。"吕布一听大惊，马上偷偷地来到董卓卧房后偷看。蓉儿刚好起床梳头，发现了偷看的吕布，立即蹙起眉头，不断用手帕擦拭着泪眼。

董卓终于正式接见了吕布。几句寒暄后，吕布总不见董卓提起为他主婚的事，就痴痴地站在那看董卓吃早饭。这时蓉儿在绣帘后走来走去，甚至露出半个脸蛋，以目送情。霎时，吕布神魂荡漾。董卓当即警觉，见吕布频频侧身迎里而望，恼怒地说："布儿无事就走吧。"吕布一肚子怒气却不敢发作，暗自愤恨地回到家中。

董卓自纳蓉儿后，情色所凝，月余不出理事。吕布一切都明了了，但越如此，他越思念蓉儿。终于，吕布利用董卓午睡的机会，溜进了董卓的卧室。蓉儿在床后探半身望着吕布，以手指心目不转睛。吕布一时间频频点头，表示明白她的意思。蓉儿用手指董卓，强拭泪眼，吕布心都碎了。

董卓朦胧中醒来，看到吕布，猛然回身，见蓉儿在屏风后面。董卓恼羞成怒，责问吕布："你敢调戏我的女人吗？"忙喊人驱逐吕布，令其今后不许入堂。

没过多久，蓉儿偷偷将吕布引到了相府后花园中的凤仪亭，边哭边诉说自己如何思念吕布，董卓又如何将自己侮辱。现在自身已污，不得服侍英雄，愿死在吕布面前，以绝吕布的思念。话没说完，蓉儿就手攀曲栏，望荷花池便跳，慌得吕布一把将其抱住。蓉儿哭着倒在吕布怀中，说道："妾在深闺，闻将军之名，如雷贯耳，以为当世一人而已。谁思反受他人之制！妾度日如年，愿将军怜悯而救之。"

董卓因久未见蓉儿，便到后花园中寻觅。只见吕布把他的方天画戟放在旁边，抱着蓉儿正说悄悄话。盛怒之下，董卓抢过画戟就刺，吕布掉头便走。董卓体胖，赶不上，就飞起一戟，却被吕布一拳打落在草中。吕布与董卓的关系彻底破裂。

当然，这段故事，是笔者自行脑补的，大家觉得不太违和就好。

王司徒，你等吕布的好消息吧

王允暗中得知此事，心道：扳倒董卓的机会终于来了！

第二天，王允就将家藏的明珠数颗，令匠人嵌成一顶金冠，使人秘密送给吕布。吕布一介武夫，贪财重利，很容易被抓住了弱点，当即赶到王家致谢。王允盛情招待，当酒饮至七分醉时，王允便将自己想要铲除董卓的想法告诉给了吕布，并希望他能够为自己做内应。

吕布虽然受了奇耻大辱，但觉得自己都杀一次爹了，这次再杀爹，恐怕这个污点是永远也抹不下去了，内心非常踌躇。

王允乘机火上浇油，痛斥董卓把吕布的蓉儿抢走，表示董卓这么做连畜生都不如，声称要为吕布报仇。

接着，王允又对吕布说："你姓吕，奸贼姓董，父子只是名义上的，并非骨肉亲情，况且董卓现在已是众叛亲离，你难道还认贼作父吗？你拿他当父亲，平时他待你是儿子吗？"

这一番话，终于引起了吕布的共鸣，一番同仇敌忾，刺杀董卓的计划便周密完成。

"千里草，何青青；十日卜，不得生。"这一首当时流行在长安街头的童谣，预示着董卓快要死了。

当时，正逢皇帝大病初愈，文武大臣都聚集于未央殿，恭贺天子龙体康复。吕布借此机会，事先安排李肃等人带领十多名亲兵，换上卫士的装束隐蔽在宫殿侧门的两边。

据说，董卓入朝时，一路上车轴断了，马鬃头断了，而且路上狂风大作，尘土蔽天，董卓大惑不解，认为这些都是不祥之兆。随从却解释说："弃旧换新，将乘玉辇金鞍；万岁登基，必有红光紫霞，这些都是吉兆。"董卓在走进未央殿时，被埋伏在侧门的军士伏击，一戟刺透董卓咽喉的就是吕布，李肃却把董卓的人头割在手中。

董卓虽然被杀，但大家并没有停止对他的惩罚，而是采取了一种非常残忍的玩法——暴尸。

守尸吏为了开源节流，把点燃的捻子插入董卓的肚脐眼，点起天灯。董卓恶贯满盈，死后竟然做了善事——燃烧了自己，照亮了别人。

据说当时火很旺，烧得嘎吱嘎吱响，烧了几天几夜，大家都很坚强，一个哭的都没有，还有人忍不住笑出了声。最后一晚风很大，骨灰被吹成了天女散花，一点都没剩下。

如果这一奇异的传闻属实，那么就意味着那几日历经劫难的长安一直处于光亮之中。似乎预示着黑暗已经结束，光明终将来临。

不过，这么美好的事情，想想就行了。

董卓虽然倒下了，但大汉王朝最后的尊严，也在他的倒行逆施之下变得荡然无存。过去，虽然摇摇欲坠，但依然可以靠外戚或太监控制地方势力的朝廷，此时彻底失去了对江山的掌控，大批如同脱缰野马一般的地方军阀纷纷趁势而起，他们之间的相互攻伐，造成了比黄巾之乱更加巨大的损失。

篇二
王司徒巧舌搞策反，吕奉先一怒为红颜

乱世三国的序幕就此被拉开，董卓在历史上的异军突起，为大汉王朝敲响了丧钟，而最终受益的地方军阀们，也纷纷揭下了伪善的面纱，露出了狰狞的獠牙。

蔡邕一声叹息，性命朝不保夕

董卓被诛杀后，蔡邕在司徒王允面前，不知不觉说起董卓来，并为之叹息，脸色都变了。王允勃然大怒，呵斥他说："董卓，窃国的大贼！差点倾覆了汉室。你作为臣子，应该同仇敌忾，但你却想着自己受到的礼遇，忘记了操守！现在上天诛杀了有罪的人，你却反而为他感到伤痛，你和逆贼有什么两样！"然后不由分说将蔡邕收押，交给廷尉治罪。

蔡邕递上辞表道歉，请求受到刻额染墨、截断双脚的刑罚，以求继续完成《汉史》。士大夫大多同情并想要救他，没有成功。

太尉马日䃅听说后，急忙前往对王允说："伯喈是旷世的奇才，清楚很多汉朝的事，应当让他续写解决后边的历史，让它成为一代重要的典籍。而且他忠诚孝顺的名声一向显著，获罪也没有缘由，杀了他岂不是会丧失威望吗？"

王允反驳道："过去汉武帝不杀司马迁，让他写出毁谤的书，流传于后世。现今国家中途衰落，政权不稳固，不能让奸邪谄媚的臣子在幼主旁边写文章。这既不能增益圣上的仁德，又令我们蒙受毁谤议论。"马日䃅离去后告诉别人说："王允大概不能长久于世吧。有道德的人，是国家的纲纪；写作，是国家的典籍。废弃了纲纪与典籍，难道还能长久吗？"

蔡邕最终死在了狱里。

其实，王允当时也后悔了，想阻止杀他，却来不及了。蔡邕死后，群臣和士人没有不为他落泪的。郑玄听闻蔡邕的死讯后，仰天长叹："汉朝的事，谁来考定啊！"

陆游曾写下一组四首七绝小诗《小舟游近村舍舟步归》。其中，第四首云：

斜阳古柳赵家庄，负鼓盲翁正作场。

死后是非谁管得，满村听说蔡中郎。

当时，在陆游生活的那个时代，流传着一部叫作《赵贞女与蔡二郎》的鼓书，它唱的就是蔡邕的故事。

故事说，河南陈留秀才蔡伯喈上京赶考，贪图功名富贵，入赘相府，撇下妻子赵五娘在家中苦熬岁月。赵五娘在家乡独力奉养公婆。饥荒年岁，公婆双双饿死，赵五娘祝发买葬，又罗裙包土、自筑坟台。后来，空中降下一面琵琶，赵五娘身背琵琶，上京寻夫。找到京中，蔡伯喈不仅不认赵五娘，反而放马将她践踏致死。最后天降报应，蔡伯喈为暴雷殛死。

这个故事在宋元时代一直在民间广为流传，显然，它和才名孝声动天下的蔡邕毫不沾边。只能怪蔡邕倒霉，不知道什么原因就无辜地背了这样一个骂名，由于鼓书的巨大影响力，一些不明就里的人可能真的就以为蔡邕就是那个薄情寡义、忘恩负义的蔡二郎了，这委实是太冤了。这样的造谣和污蔑让陆游都看不下去了，于是便有了我们在文前看到的那首七言小诗。

又过了若干年，终于又有人为蔡邕说话了，他就是元末剧作家高明，高明用《琵琶记》力图为蔡邕翻案。出于无奈，他只能保留《赵贞女与蔡二郎》的故事框架，于是故事又变成了这个样子：

陈留县秀才蔡伯喈与赵五娘新婚不久，恰逢朝廷开科取士，伯喈觉得父母年事已高，不愿去考试，打算留在家中服侍父母。但是蔡公不许，邻居张大公也在旁劝说，伯喈只好告别父母、妻子，赴京考试。应试及第，中了状元。朝中牛丞相看中伯喈，有一女未婚配，奉旨招新科状元为婿。伯喈以父母年迈，在家无人照顾，需回家尽孝为理由，打算辞婚、辞官，但牛丞相与皇帝不从，他被迫滞留京城。

自从伯喈离家后，陈留连年遭受旱灾，五娘任劳任怨，服侍公婆，让公婆吃米，自己则背着公婆私下自咽糟糠。起初她婆婆还怀疑她吃的东西比自己吃的好，当发觉她吃的是糠秕以后，非常感动，坚持要大家一起吃糠。因此，婆婆当场被糠噎死。不久，蔡公也死于饥荒。

而伯喈被强赘入牛府后，终日思念父母，写信去陈留家中，信却被拐子骗走，以致音信不通。一日，在书房弹琴抒发乡思，被牛氏听见，得知实情，告知父亲。牛丞相被女儿说服，于是派人去迎接伯喈父母、妻子进京。

另一边，蔡公、蔡婆去世后，五娘罗裙包土，自筑坟墓，又亲手绘成公婆遗容，身背琵琶，沿路弹唱乞食，往京城寻夫。她历尽风霜，来到京城，正遇弥陀寺大法会，便往寺中募化求食，将公婆真容供于佛前。正逢伯喈也来寺中烧香，祈祷父母路上平安。见到父母真容，他便拿回府中挂在书房内。五娘寻至牛府，被牛氏请至府内弹唱。五娘见牛氏贤淑，便将自己的身世告知牛氏。牛氏为让五娘与伯喈团聚，又怕伯喈不认，便让五娘来到书房，在公婆的真容上题诗暗喻。伯喈回府，见画上所题之诗，正欲问牛氏，牛氏便带五娘入内，夫妻遂得以团聚。五娘告知家中事情，伯喈悲痛至极，即刻上表辞官，回乡守孝。得到牛相的同意，伯喈遂携赵氏、牛氏同归故里，庐墓守孝。后来皇帝下诏，旌表蔡氏一门。

然而，这个大团圆结局的背后，却是"二亲饥寒死、子得双妇归"的鲜明对比，高明再怎么高明，也无法彻底为蔡邕翻案，世人充其量会在蔡伯喈可悲可恨的情感认知上再加上些许的同情，可怜大文士蔡邕，被乱扣了这么一顶帽子，在一定程度上还摘不下去了。

李傕，你想投降？想得美！

王允这时站在长安城最高的地方，俯视着如鸟兽散的西凉残军，如同看着慌不择路的蝼蚁，他的嘴角泛起阵阵冷笑。

对于这些败将残兵，王允心里没有丝毫怜悯，他既没有赦免他们，也没有下令消灭他们，他似乎更想看到他们走投无路，自生自灭。

西凉军倒也没有辜负王允先生的一番"好意"，五大集团军全部放弃抵抗，五位中郎将三位主动投入王先生怀抱，两位在自相残杀中先后去见了董卓，董卓的势力在顷刻间土崩瓦解。

下级军官李傕觉得，自己最好的结局，大概就是听天由命了。

兵变来的太突然，突然到西凉军团毫无防备，他的所有上级，无论是高层领导还是中层管理人员，降的降逃的逃，李傕也如野草一般随风摇曳着。

李傕现在只有一个想法：说啥也不在一线城市漂了，我要回家，我想我媳妇了！

回家，这个看似简单的想法，如今对于他们这些漂着的人来说，却又太难了！王允那边的态度很明显，你们西凉人去哪，爷都不拦着！但李傕他们想回家，却始终绕不过一个地方，这个地方就是长安。

当初，李傕执行董卓的战略计划，跟随上司牛辅到陕县驻扎，一面卫戍长安，一面抵御来自东边的"倒董联军"。陕县在长安的东线，李傕想回西凉，必须途经长安，绕都绕不过去。长安占据了中原和西北地区的交通要道，就像有辆车把你们小区唯一的出口堵得死死的，这车要是不开走或被拖走，你根本过不去。

但长安，现在已经是敌占区了，李傕不敢冒险穿越火线。没办法，毕竟李傕虽然地位不高，但在董家军里也算是有点名气的人，当初咱老李也曾游说过孙坚，击败过朱儁。

思来想去，也想不出个头绪，李傕只好向王允写信求饶，态度非常卑微，言辞非常恳切。

不过，王允想都没想就拒绝了。在王允看来，如今的西凉军俨然已经是案板上的鱼肉，而自己正是那个持刀人，可以对其随意宰割。其实，王允也不是不可以对西凉军网开一面，毕竟现在整个西凉军已经一盘散沙，能够称得上势力的也就李傕那一小撮人马，就算放过他们，他们也不可能再掀得起什么风浪。

但王允不想这样，他要以一个胜利者的姿态，看着自己的猎物在饱受折磨后慢慢死去，就如同猫捉老鼠一样。这，也许是他在饱受董卓多年凌辱后，想要寻找的一种心理补偿吧。当然，他自己觉得，这是疾恶如仇。

走投无路之下，李傕决定放出自己最后一个大招——跑路！为了最大限度地不引人注目，他决定离开队伍，只带几个兄弟踏上回家的路。这一路，也许风餐露宿，也许充满险阻，但家，才是自己最终的归宿。

这就是败寇心态：受人宰割的时候，他们要么逆来顺受，要么我弱我乞求，却从没想过还有第三条路可走。不是没选择，而是没想过，不是没资本，而是不知道利用。这个时候，如果没有人给他们指一条明路，他们很可能会浑浑噩噩地走上绝路。

就在李傕攀登高峰望故乡，凄楚吟唱的时候，一个人不合时宜地打断了他的歌声，这个人叫贾诩。

贾诩这时在李傕军中任职，见李傕这几天谋划来谋划去，也没谋划出个所以然，就说我整两句，大哥你看中不中？

李傕："老贾你有话尽管说，反正我也没法子了！"

贾诩："浪大了，稳船又有什么用？操家伙干！赢了天下在手，输了再脚底抹油！"

李傕："说得好像很有道理……读书人就是脑壳好使！"

贾诩一句话，不但改变了李傕的命运，也顺便改写了历史。

贾诩与诸葛亮、郭嘉、沮授等人不同，他是一个纯粹的谋士，贾诩用谋，直指人心，且完全不讲究道义，就是纯粹的就事用谋，颇有"我只管自己，不管别人死活"的意思。他不在意天下在谁的手中，也不在乎是否荼毒苍生，他可以见风使舵，谁得势就跟随谁，在他身上，你甚至看不到忠义与善良，他就是一个纯粹的谋略家，是三国的第一毒士。也正是他，一手打开了三国的乱战之门。

兄弟们，擦亮刀枪，进军长安

第二天，按照贾诩的策划，李傕对手下的将士们发表了这样一番演讲：

"兄弟们，咱们现在逃亡或是回家，是个什么身份？而且落单之后，连村里的大妈都能叫人把咱们绑了送官领赏！"看了看一脸悲哀的部下们，李傕继续说道："咱们与其现在回去做八线小城没身份的黑户，不如杀到长安城拼个身份做大户！反正，咱们想要回家，除了土遁，无论如何也绕不过长安，搂草打兔子，成就赚了，不行再跑！"

稍作停顿，李傕喊出了一句："人都是逼出来的！"

"人都是逼出来的"，这句话如雷公大锤，撞击在每一个西凉残兵心上，

篇二
王司徒巧舌搞策反，吕奉先一怒为红颜

嗡嗡作响，大家不约而同地被这句口号震撼到了。

西凉残兵骨子里的好勇斗狠逐渐死灰复燃，"顺便打到长安"是黑暗里燃起的一把熊熊烈火，使西凉残兵们找到了方向，他们纷纷向这里聚集。当夜，李傕会同郭汜、张济等人，率几千部众，星夜兼程，杀向长安。

长安城里的王允听到消息，蔑视一笑——就凭这帮要饭花子一样的散兵游勇，还能翻天不成？！

当然，王允也不是全无准备，毕竟他当豫州刺史的时候，也曾有过大败河北黄巾军的光辉战绩，虽然他的搭档是段颎和皇甫嵩。在王允看来，诸如李傕、郭汜之流，只要找两个人出面解决一下即可，犯不着大动干戈，他首先想到的是胡轸和杨定。

当年在西凉军团，这两人都是李傕的老首长，老首长都向我王允投诚了，你李傕、郭汜还瞎折腾什么？王允让胡轸、杨定喊李傕他们来长安吃饭，并发牢骚道："告诉他们，过了这村可就没这店了！"

然而，王允忽略了一个问题，那就是胡、杨二人投他投得诚吗？或许一开始是诚的，但在感受过王先生的疾恶如仇，对他们这帮有前科人员横挑鼻子竖挑眼以后，思想上就开始不纯粹了。

胡、杨二人带着这样的思想状态去为王允招安，不出问题才怪。他们离开长安以后，压根没有去向李傕、郭汜转达王允先生的意见，而是到处招揽老部下，为自己扩充实力。王允先生的策略，宣告失败。

这工夫，李傕、郭汜带着队伍已经到了新丰。"人都是逼出来的"如同"王侯将相宁有种乎"那样产生了神奇的吸附能力，叛军人数从几千人发展到十几万，胜利者王允的那抹微笑渐渐消失……

王先生意识到了事态的严重性，他立刻展开军事部署，在派谁打前锋这个问题上，他最终选择了徐荣与胡轸。降者嘛，就应该努力证明自己，赢得胜利者的信任和赏识，王允决定给他们这个机会。

再深一层，西凉叛将都是带着队伍来投诚的，有必要通过战斗减员消

耗他们的实力，这叫防患于未然。

徐荣这个东北汉子肯定想不到这一层，他心中只有领导，从不管领导者的善恶好坏，而且运气一直不咋地，跟谁谁丧生，何进掌权他就听何进的，结果何进挂了，董卓掌权他又听命于董卓，结果董卓也挂了，现在，他听命于王允……

徐荣这辈子一共打了三次大仗，前两次大胜，最后一次壮烈牺牲。

徐荣戎马生涯最后一战，就是鏖战李傕和郭汜，曾经的旧同事，现在的新对手，想来徐荣心里必然也是五味杂陈。这次战斗，他没能像斗曹操和孙坚那样，威风八面，在胡轸背后捅刀的情况下，徐荣孤军奋战，马革裹尸还。

新丰之战，王允损失了两员大将，敌方还增加了一位，仗打到这个份上，王先生也没了其他招数，只剩一个大招——开城门，放吕布！

吕布虽然见利忘义、见色忘友，但此时此刻也表现出了一个职业军人应有的职业态度，面对李傕、郭汜大军的围攻，还算尽职尽责。守城期间，吕布还找郭汜单挑了一次。

大家看《三国演义》的时候，最让人热血沸腾的情节莫过于猛将之间的单挑，比如说关云长温酒斩华雄，虎牢关三英战吕布，许褚光膀子战马超等等，但不好意思，这些刺激荷尔蒙的场面其实都是假的。

当时两军对战，作战方式主要有两种，一种是攻城，一种是对攻。大将虽然经常领兵出战，但肯定不会动不动就去跟人单挑，刀枪无眼，谁家培养个大将也不容易啊！

然而郭汜不知道哪根筋搭错了，竟然放弃兵力优势，同意了吕布的要求，估计他是觉得吕布名不副实，虚有其表吧。

当时，那戟，太快，眼睛尚未看到招数，身体已感到冰凉。郭汜被吕布一戟挑下马去，幸亏身后的骑兵蜂拥而来，才捡回一条性命。

这一次，王允这边倒是赢了，但于战局而言，无关紧要，西凉叛军也只是输了一点郭汜的智商而已。

这下子,郭汜不装了,与李傕一起老老实实的攻城,但长安古城岂是说破就破的?就在双方僵持不下的时候,吕布队伍里有人反水,长安城破。吕布退入城中,与李傕、郭汜展开巷战,不敌,逃之夭夭。

两个笨蛋给曹操制造的上升空间

李傕、郭汜就这样带着小弟杀进长安,打跑吕布,杀掉老王,挟持皇上,一转眼当上了国家的代言人。

初平三年(公元192年)九月,李傕晋封为车骑将军、开府、领司隶校尉、假节、池阳侯;郭汜为后将军、美阳侯;樊稠为右将军、万年侯;张济为镇东将军、平阳侯;贾诩为左冯翊。

兴平元年(公元194年)三月,马腾、韩遂联合关中部分士大夫共攻李傕,李傕派郭汜、樊稠以及侄子李利与马腾、韩遂大战于长平观下。马腾、韩遂大败,损失一万多人,只得退回凉州。李傕击败马、韩之后,郭汜、樊稠因有战功而加"开府"之权,造成郭、樊权力大增,跟三公、李傕合为六府,朝廷在关中内部的权力大减。此时是李、郭、樊三人权力最大的时刻。

然而,铅笔即使外表镀了一层金衣,它的本质还是一支铅笔。

李傕和郭汜毫不犹豫地支持"铅笔定律",两个人在一起还没度过蜜月期,就开始上演互撕大戏——李傕绑架了汉献帝,郭汜扣留一帮老干部,每天出来干架,撕得不亦乐乎。

李傕："你若感觉有实力和我玩，李傕不介意奉陪到底！"

郭汜："郭汜最喜欢对那些自认为能力出众的人出手！"

打着打着，张济跑出来和稀泥，说你俩是不是又没吃药，自家兄弟打得不可开交！另外那什么，这个没人搭理的吃货皇帝留着干啥？替老刘家养孩子啊！

李傕和郭汜又觉得别人说的很有道理，于是汉献帝东返。

等到刘协跑出好远，李傕、郭汜才反过味来。接下来的故事就像一部极烂的电影脚本，皇帝一直跑，李傕、郭汜一直追，每每关键时刻，都会冒出个英雄好汉，感动得皇帝差点以身相许。

刘协："好汉，我想跟你回家……吃饭！"

诸侯："不好意思，臣这几天不饿。"

逃回洛阳的刘协跟叫花头子无异，一众人饥肠辘辘、衣不蔽体，生平从未如此渴望过有个诸侯能将自己捡走——好死不如赖活着，窝囊总比饿死强！

打脸的是，堂堂的皇帝几乎没人搭理，曾经的香饽饽变成了烫手的山芋，此时离皇帝最近的是袁绍，救济一下不过举手之劳，但他装作不知道。

说时迟，那时快，只见一个小矮个子带兵昼夜兼程赶往洛阳，把皇帝一抱，回到自己的地盘许昌，从此开始了挟天子以令诸侯的美好时光，事业扶摇直上。

事实上，令诸侯是扯淡，但令不动，就可以以官方的名义收拾你，而且还能说自己是出于正义，干坏事都让人没脾气。就这一步，袁绍就望尘莫及。

想必大家都知道了，这个小个子就是三国著名枭雄，曹操。

篇三

曹孟德借势竖大旗，袁本初一战入绝地

> 曹操不是没能力，而是干得太用力。颇为讽刺的是，一心做好官的他之所以还能用嘴巴呼吸，完全是因为他老爹花钱办事不遗余力。
>
> 对政界失望的曹操将目光转向了军界，他的目光深邃而炽烈。
>
> ……

那些年，曹袁一起干过的坏事

曾经有人问笔者：曹操是个什么角？一下子把笔者问懵了。

这个问题居心叵测！

为什么说居心叵测？因为曹操这家伙，典型的多重人格，整个三国里，就数他最难琢磨，三言两语根本没法掰扯——这难道不是有意难为我？

当然，作为一名优秀的侃史官，笔者对曹操也有自己的看法：

笔者认为，无论说曹操是忠是奸、是善是恶，都不准确。对于一个枭雄，任何一种纯现代、纯道德的评说，都是站着说话不腰疼！想要了解曹操，咱们还得从头开始聊！

曹操是个正经八百的阉三代，太监有孙子，奇怪不奇怪？一点不奇怪。

在那个笑贫不笑娼的年代，曹爸爸为了顺杆往上爬，"大义灭亲"给太监当了干儿子，于是曹操姓什么，成了千古未解的话题。

关于曹操姓啥，史上有两种说法：一种认为曹操姓夏侯，是夏侯婴的后代；也有说法说，曹操是曹参的后人。至于真相如何，笔者并不知道，让曹参和夏侯婴研究去吧。

夏侯婴："参，给兄弟个解释！"

曹参："婴，我也需要个解释！"

和很多高干子弟一样，曹操从小就是个熊孩子，放荡又不羁，品行不咋地，还不好好学习，大家都觉得他将来没出息。只有极少数人持有不同看法。

许劭："这熊孩子长大，是治世之能臣，乱世之奸雄啊！"

曹操的流氓秉性，从小就暴露无遗，与四百年前的老流氓刘邦有的一比。

刘邦当年斩过白蛇，曹操当年也拍过鳄鱼。

据传闻，不良儿童曹操在禁游区玩耍，突然有一条凶猛的鳄鱼想欺负他。但曹操一点也不害怕，反而施展降龙十巴掌，对着鳄鱼就是一顿啪啪啪，鳄鱼从没见过这么猛的娃，灰溜溜被吓走了。

曹操的勇狠好战，最终使他成了战争惯犯，跟曹操有关的故事，几乎都与打仗有关，他这一辈子，不是在打仗，就是在打仗的路上，当然，也有被打的时候。

曹操是个不折不扣的战争狂人，客观上，也是孀妇制造者。

曹操最出格的，是他小小年纪，竟然伙同他人抢劫人妻！

那时的曹操酷爱社交，上至各种二代，下至流氓无赖，都是他的圈中好友。其中最重量级的，就是大公子哥袁绍。

袁绍当时也是不良少年，两个人厮混在一起，好事基本不做，坏事不容错过。

当时城里有户人家，花好多彩礼娶房媳妇，小哥俩原本想闹洞房，但又觉得不够爽，一时兴起就决定抢新娘。

鉴于敌众我寡，二人商议智取猛虎山，啊不，智取新娘子，于是趁着月黑风高——

曹操："抓小偷啊！"

袁绍："有人偷茶鸡蛋啦！"

茶鸡蛋这么奢侈的东西，要是被偷，那还得了？婚礼顿时乱作一团。两个坏小子趁乱溜进洞房，吓唬新娘。

袁绍："小弟今夜夜观天象……"

曹操："姐姐你命中缺我！"

新娘："抓流氓啊！"

那新娘喜被日后两大霸主调戏，不仅不深感荣幸，反而大哭大闹、大喊大叫，把主人、宾客全引过来了，声称要把采花大盗绑了阉掉。

哥俩一看大事不好，绑了新娘就跑。

这桩绑架案的后续发展有两种说法：

一种说，曹操让袁绍背着新娘子先跑，自己则拐上另一条小道，大喊："小偷往这边跑了！"大家闻声都跟着曹操屁股后面追，虽然追了半天也没见到贼影，但仍对小少侠见义勇为的精神赞赏有加，曹操不仅诱敌走错路，还混了个好名声，简直不能再皮了。

另一种说法说，两坏蛋挟持新娘子逃跑，袁绍一不小心掉进了坑里，半天也没爬出去，曹操抽冷子喊了一句："小偷在这里！"袁绍吓得浑身一抖，一股热流……噌地就蹿了出来。二人丢下哭哭啼啼的新娘子，撒丫子就跑。

贼喊捉贼，就是这么来的。

曹操这个恶习后来一直没改，大家都夸奖他——曹操好人妻。

坏事一件，就可以看出曹操的奸。

事后，袁绍问曹操：

袁绍："操，问你个事。"

曹操："爱过。"

袁绍："你是害我还是救我？"

曹操："你说呢？"

袁绍盯着曹操望闻问切许久，才蹦出一句："贼喊捉贼，你最鸡贼！"

曹操笑得花枝乱颤，那嘚瑟的样子，请自行脑补周星星。

袁绍回过味以后，越想越来气，心说我名门子弟，袁大绍爷，向来都是被人宠着、爱着，什么时候让人当猴耍过，于是小脾气一来，给曹操派去了个刺客。

当时，那刀，抡得呼呼有声，结果，曹操毫发无伤。

《世说新语》扯到这里就没了。显然袁绍也不是真想搞死曹操，毕竟两家世交，真搞出事也不好，给他小子个教训就得了。

看来曹操和袁绍从小就是冤家对头，时而同流，时而争斗，最后注定是要搞起来的。

当年，他也是个有底线的人

曹操虽然皮，但起点不低，芳龄二十，就做上了曹分局。

别管当时才能行不行，他爷是曹腾。

小曹同志为了摆脱裙带关系阴影，证明自己的确有才能，任职期间，工作十分卖力，执法非常严厉，亲手把蹇硕为非作歹的叔叔送下了地狱。

鉴于此，高层领导们指出，像小曹这样的优秀干部，在京城管个分局实在委屈，那什么，去地方吧，给个县长当当！

显而易见，这是明升暗降，让人当串给撸了。

小曹同志在基层锻炼不到一年，又因为堂妹夫的妹妹宋皇后出事受到牵连，成了一名待业青年。

不久，朝中势力重新洗牌，小曹同志苦尽甘来，再次应召入朝，成了皇家礼炮（议郎）。

小曹同志依然节操很高，路见不平一吼叫，该开炮时就开炮。可喜可贺的是——其中所有啥用没有的建议，都被领导采纳了！

后来黄巾战队作乱，小曹成了军官，杀敌数万，因功升迁，管理济南。

该同志无私执政,搞得济南官不聊生。济南官场经历了一番大清扫,百姓日子过得很好,齐夸曹操的领导。

很快,上层领导就做出了反应,将曹操调离济南,派往东郡,小曹愤然辞官。

曹操这一赋闲,就是整整四年,全靠老爹四处奔忙,送车又送房,才重新进入官场,成为西园八校尉的四号首长。

他的一号首长正是死对头蹇硕,还好有二号首长袁绍从中调和。

"自"曾经曰过:所谓成熟,就是变得世故。这是"沃·兹基硕德(我自己说的)"

有鉴于多年被人收拾的经历,曹操终于告别了以往的放荡不羁、任性顽皮,他对人生,有了新的定义。

曹操原本也是个正直的人,有种的人,看不惯官场黑暗的人。

从进入政坛开始,就一心做个样板式的好官,把什么明镜高悬、不畏强权、公正无私、爱民如子等定义好官的标签,拼了命往自己身上贴。可上头非但不支持,还处处下绊子,把他当鼻涕一样甩来甩去,节操给甩了一地!

曹操不是没能力,而是干得太用力。颇为讽刺的是,一心做好官的他之所以还能用嘴巴呼吸,完全是因为他老爹花钱办事不遗余力。

对政界失望的曹操将目光转向了军界,他的目光深邃而炽烈。

你以为三国霸主这就呼之欲出了吗?不,曹在囧途远没有结束!

曹操:"人生不如意十之八九,还剩十之一二,是超级不如意。"

因为何进和袁绍两个二百五的自作聪明,引来恶魔董卓入京。

《三国演义》中有一段,描写曹操以献刀为名对董卓搞行刺,笔者告诉你,根本没有这回事!

俗话说得好,留得青山在,不怕没柴烧。牛人之所以牛,就是因为他们能忍常人所不能忍。行刺董卓这种二愣子才会做的事,别说曹操不会干,就连袁绍都不会干,能当上一方诸侯的,没有人会干!

顺便提一句,行刺董卓的那个人叫伍孚,行为很耀眼,死得很悲惨。

事实上,董卓进京以后,曹操压根没敢和董卓发生正面冲突。恰恰相反的是,董大佬还对曹操欣赏有加,非常希望他能够给自己看场子。

当时,董卓邀请曹操当骁骑校尉,任命函都发到家里了。但曹操心里门清,董卓倒行逆施,将来必被群起攻之。从长远看,给董卓当马仔,早晚得被人宰。

那么问题来了,董大佬的任命函都下发了,不答应等于是找死。

现在的情况是,答应了是死,不答应也是死,到底怎么能不死?

曹操想了一个好办法——跑路。

曹操当年的逃跑简直跟四百年前的刘邦如出一辙,老婆孩子一扔,只带几个随从,便偷偷溜出了城。

朝堂上,高高兴兴等着曹操上班的董卓怒火中烧,一边大骂曹操给脸不要脸,一边下令全国追打曹操。活要见尸,死也要见尸。

曹操撒丫子一顿跑,便跑到了吕伯奢家,随后便有了全民皆知的那句曹氏名言:宁可我负天下人,不让天下人负我。

这才是曹操第一次跟董卓发生正面冲突,而且还是给人家逼的,论档次,被同样逃跑的袁绍甩八条街。人家袁绍,起码还抽出佩刀,比画那么两下,留给观众一个帅气的背影。

曹操好家伙,完全不要脸面,招呼都不打一声就开颠。当然,我们也可以理解为,曹操的心机和城府全面碾压四世三公的袁大绍爷。

曹操最后跑到了河南开封的陈留镇,投奔另一位发小张邈,在发小的帮助下,曹操终于拉起了一支真正属于自己的队伍。

每一次成长，都离不开一段阵痛

曹操组建队伍不久，关东诸侯建立"反董联盟"，票选袁绍为带头大哥。曹操带着自己的五千个小兄弟前去支援，被任命为代理奋武将军。杂牌将军，还是代理的……没办法，谁让现在的正统掌握在董卓手中。

不过没关系，曹操是个有觉悟的人，此时的他并不在意做大官，一心只想做大事。然而身份不行，必然人微言轻，曹操现在就是这个困境。

袁绍扯嗓子喊了一声，天下诸侯纷纷响应，都说要把董卓干掉，可实际上，只有曹操、孙坚几个人在战斗。诸侯们表面上同仇敌忾，其实心里都有自己的小算盘。皇帝死活不重要，重要的是自己有油水捞，自己有兵、有粮、有地盘，这就行了。至于皇帝苦不苦，还请您自求多福！

好在，曹操也不是一个人在战斗。老朋友张邈和鲍信，给足了面子与支持。

曹操与鲍信组了个团，发誓要给国贼以沉重打击，却被国贼打击得非常沉重——曹操部队在荥阳汴水被徐荣伏击，双方激战，曹操大败，本人也被流箭射中，还是曹洪把自己的战马让给曹操，曹操才得以趁着夜色逃离险境。这一战，鲍信也负了重伤。

事实上各路诸侯通过会议期间的交流，早就确定了谁是敌人，谁是朋友，他们没等董卓挑拨离间，就各自拉帮结派打了起来。

袁绍作为带头大哥，榜样精神让驴吃了，大家说好了一起"反董"，他却趁乱把公孙瓒往死里捅。

篇三
曹孟德借势竖大旗，袁本初一战入绝地

于是诸侯纷纷效仿，各自寻找队友与对手……轰轰烈烈的"反董联盟"，就这样轰轰烈烈的解散了。

曹操带着本部人马，又开始浪迹天涯。

这个时候的曹操，有官职却没位子，有部队却没粮食，最痛苦的是，他的理想还没丧失。

曹操在现实与理想之间挣扎。打董卓他实力不行，打别人他实力也不行。好在适逢乱世，随便造个反都能发展到十几万人，被压制了百年的南匈奴也准备再现祖上的辉煌。曹操好歹有了捞资本的地方，铆足了劲，以少胜多，打得黑山贼和南匈奴哭爹喊娘。

袁绍现在相当厉害了，说话好使，以权谋私给曹操要来了个东郡太守的位置。曹操的苦日子终于熬出了头，当上了兖州地界上的一方小诸侯。

曹操在任期间，黄巾战队死灰复燃，兖州真正的老大刘岱被杀，在好朋友鲍信力推之下，曹操升级做了大诸侯——兖州牧。他原来的位置，留给了自己永远的副手夏侯惇。

这段时期，很可能是曹操一生中最美好的时光。老伙伴袁绍、鲍信、张邈不断给他提供支持，还有不堪一击的黄巾余党供他练级，希望之光慢慢重新点燃……

然而，幸福总是来的那么慢，停留那么短。这一年，曹操"扫黄"成功，得青州兵三十万，鲍信却永远离开了他。

曹操这辈子，敌人很多，手下兄弟更多，但真正可以掏心掏肺的朋友，可以说只有鲍信一个。

接下来，袁绍和曹操这对最佳损友再次搞到了一起。

袁绍对袁术，兄弟不和的隐情与内幕

当时的形势是，袁绍曹操刘表结战线，厮杀袁术陶谦公孙瓒。

不知道内幕的读者一定很费解，袁绍和袁术不是亲哥俩吗？他爹确认过的。怎么还同室操戈呢？这就要扒一扒袁绍他爹袁逢的风流史了。

袁绍与袁术是亲兄弟不假，都是袁逢的儿子，但在身份上差别很大。

袁术是嫡出，大老婆生的，名正言顺，属于原生；袁绍则是袁逢见色起意，私会婢女结下的爱情果实，属于私生。

在那个年代，有钱有势的男人可以拥有无数女人。汉朝的男人们一边抱着婢女侍妾寻欢作乐，一边又嫌弃她们生的孩子玷污士族高贵的血统。在这样的时代背景下，婢女之子袁绍的家庭地位可想而知。袁绍虽然是袁术的哥哥，但袁术只把他视为家奴。

好在袁逢还有点良心，没有太阳升起不认人，他对袁绍的母亲感情非常深，想方设法要让袁绍摆脱万年家奴的命运。

机会说来就来。袁绍的二大爷袁成，不由分说就死了，而且还没生儿子。袁逢趁机玩了个移花接木，把袁绍过继给袁成当子嗣。

据说，袁绍一出生，他这个二大爷就尤其、格外、特别地喜欢他，所以注释《三国志》的裴松之猜测……

笔者觉得这个可能性非常小，大家看看就好，不要在跟美女侃历史的时候言辞凿凿。

总之，袁逢这个操作非常成功，袁绍一下子由袁术的家奴，变成袁术的堂兄，并顺利继承了袁成的政治资本和家产。

得益于袁逢的运作，袁绍在世人眼中还算出身优渥，有资本吹吹牛、自命不凡什么的。

但作为内部人士的袁术，对这里的猫腻当然一清二楚。原本也没什么，一笔写不出两个袁字，都是一个爹生的，小时候关系也还不错。

坏就坏在，不知道为什么，非正规渠道出品的袁绍，偏偏从小就比正牌货袁术更优秀，长得也要帅气一些，而且还很会讨家长们的欢心。看到哥哥样样赛过自己，而且家里人还偏向他，袁术的小心眼不舒服了。

这种感觉，大家应该不陌生吧，就像我们小的时候，总有一个人比你帅，比你可爱，还比你聪明！是的，我们从小都有一个敌人，叫"别人家的孩子"。

只要太阳照常升起，明天依旧继续，"别人家的孩子"就一定会闪耀在我们的生命里，使我们恨不得找个地缝钻进去。

说实话，有时真恨不得打"别人家孩子"一顿。袁术也是一个正常小孩，所以他有这种心态一点也不奇怪。

袁氏兄弟矛盾的真正爆发，始于"反董联盟"的形成，导火索就是谁来做这个老大。

诸侯："袁家四世三公，我们跟着袁兄弟冲！"

袁术："小弟不才，抬爱，抬爱！"

然而，这只是袁术的猜想，事实却大不一样。

诸侯："袁家四世三公，我们跟着袁绍兄弟冲！"

袁绍："小弟不才，抬爱，抬爱！"

纠正一下。所谓十八路诸侯，其实只有十路，分别是袁绍、袁术、袁遗、张邈、孔伷、刘岱、韩馥、王匡、乔瑁、鲍信。曹操参加了"反董联盟"，但当时他并不是一路诸侯，因为他级别不够。另外、孔融、张超、张杨、公孙瓒、马腾、孙坚、陶谦这七人，要么压根没去，比如公孙瓒，要么不够格称诸侯，比如孙坚。只不过，《三国演义》强行给刘关张加戏罢了。

这就把袁术气坏了：论级别，我比私生绍高；论血统，我比私生绍正，都被糨糊迷眼了吗？凭什么选他不选我？

但事已至此，木已成舟，生米煮成了熟饭，一切无法改变，袁术只能对袁绍横挑鼻子竖挑眼，外加背后碎碎念：他娘是婢女！他是私生的！私生盟主吧！

袁绍被扒了底，按理说应该暴跳如雷、反戈一击，但问题是，弄出自己丑闻的是弟弟，还是实锤的。再者，自己当这个盟主，好像是有那么一点对不起弟弟，于是选择了隐忍，没有撕起。

袁绍："抱歉了术术，也许是我还不够好。"

遗憾的是，作为第一领导，袁绍没有管理好"反董联盟"，大家散伙后，袁绍又有了新的想法。他想制造个吉祥物！

为什么要制造吉祥物呢？因为现在的皇帝是董卓立的，代表着正统，董卓排个气，都可以说成是圣上旨意，反倒把袁绍他们搞得跟乱臣贼子一样。怎么办？

袁绍说好办！——翻滚吧！汉献帝，我们不承认你！我们要立一个新皇帝，拼皇帝，董卓我们不怕你！

袁绍这个疯狂想法在朋友圈一发布，关东诸侯立马疯狂拥护，袁绍觉得自己真有才，就去和曹操臭显摆，没想到曹操当头一盆冷水泼下来。

曹操表示：天下人之所以愿意跟着我们干，是因为我们在搞董卓这个大坏蛋。皇帝虽然年龄小，但他不是熊孩子，没有做什么坏事，只是受了董坏蛋的挟持。你要是一意孤行，咱俩就分手。

当然，分不分手的，袁绍根本不在乎，你曹阿瞒就带兵五千，跟我装什么国宝大熊猫，离开你地球还不转了？

于是转头又去问袁术，想借共同言语和利益，缝补一下兄弟关系。

篇三
曹孟德借势竖大旗，袁本初一战入绝地

袁术接到袁绍准备另立皇帝的消息，心里冷笑不已：看见没，私生的就是低级，就这么点出息，立什么皇帝，有能耐你立自己啊！咱们老袁家本来就四世三公，你再弄个皇帝，了不起五世四公，还有没有点新意！

事实上，袁术也是另有打算，他也想搞个皇帝当当。此时的袁术身在南阳，和土皇帝没有什么两样，这种级别的生活过惯了，淘气的野心就开始泛滥了。

兴致勃勃的袁绍在兄弟和弟弟那里碰了一鼻子灰，小脖子一梗：呵呵……既然你们两个蠢材不肯干，绍爷我自己干！到时候老子吃肉，别怪我不给你们汤喝！

没想到，袁绍相中的吉祥物死活不干！这个吉祥物叫刘虞，放话说：如果你硬逼我当皇帝，我就收拾收拾到匈奴那里去。

剧情发展到这里，拥立新君的事只能不了了之。从此，袁氏兄弟的矛盾开始公开化。

另一方面，袁绍因为和公孙瓒在河北抢地盘，闹得不可开交，吃饭睡觉拉臭臭，都在想着把公孙瓒干掉，可是，他又担心曹操在背后捅刀，索性大谈交情，拉拢结盟。

把可能的敌人变成队友，不就有更大的力量去对付真正的敌人了吗！

袁术当然也不甘寂寞，积极扩充，原本想拉刘表加入自己的阵营，可刘表非但不合作，还手一滑，把袁术手下的猛人孙坚给弄死了。

袁术占不到刘表的便宜，就拉拢公孙瓒一起搞曹操，没想到二对一还被反踢，让曹操撵得一路奔逃。

袁绍这个时候跳了出来，很生气地说：术术，你和谁好我不管，但你怎么能找公孙瓒？如果你不离开他，我就和刘表在一起啦！

结果就变成了袁绍刘表曹阿瞒对战袁术公孙瓒，曾经的兄弟和战友，彻底成了对头。

眼尖的读者可能发现了：说好的陶谦呢？陶谦这个时候正坐山观虎斗

呢！陶谦观了半天，发现曹操只顾追杀袁术，顾头不顾屁股，就在后面给了曹操一下，抢了曹操的地盘任城。曹操回手就是一个大招，十倍奉还，连下徐州十余座城池。

曹操同学这学期动手能力大大增强，已经能和同学们打成一片了。

是不是和《三国演义》讲的不太一样？当然不一样，这就好比你不能把《戏说乾隆》当"乾隆正史"来看一样。

爆个料：我们的罗先生为了尽量给刘皇叔制造美感，连带着把陶谦也扭曲成了谦谦君子，非要说曹操以报爹仇为借口先动手，强抢老实人陶谦的地盘。事实上，陶谦老实个锤子！他不仅主动打曹操，还把人家的爹扣在手里当人质。只不过，他没想到手下有两个只认钱的笨蛋，招呼都不打一声就把曹嵩捅死了，因而才爆发了徐州血案。

河南宛城，一个美女引发的血案

男人有两大不能忍，杀爹妈之仇，夺妻儿之恨。

曹操操起了报复的大刀，魔鬼一样杀向徐州，一路佛挡杀佛，人挡杀人，见鸡杀鸡，见狗杀狗。

当时的情况是，陶谦虽然一度大难临头，但曹操因为粮食没带够，最后不得不在大好局面下无奈撤走。

陶谦心知自己抵抗不了曹操，曹操要是再强行来一次的话，估计真能把自己的小命给弄没了，于是跟公孙瓒借了个在部队里打酱油的当援手。

陶谦："瓒瓒，能不能把皇叔借我？"

篇三
曹孟德借势竖大旗，袁本初一战入绝地

公孙瓒："你一边去，我一向拒绝不良印刷品！"

陶谦："耳朵大特爱哭，非说自己是皇叔！"

公孙瓒："拿走，不谢，别还！"

说真的，刘备这时候就是个皮球，滚来滚去，谁拿到手里算谁的。那么陶谦为什么偏偏相中了他？

因为他怂！

毕竟，如果陶谦请了公孙瓒、吕布这样的猛人来看场子，日后徐州姓啥就很难说了！

另外，刘备这个人特别能装，走到哪都是一副老实人模样，大家都被他给骗了。

那么，是不是刘备一来，就把徐州解救了呢？罗贯中先生都不好意思这么说。

真正解救徐州的人，是张邈和吕布，哥们与敌人联手，对曹操痛下杀手。

你可知道曹操与张邈，曾经关系有多好。

当初张邈惹翻了袁绍，袁绍要曹操把老张干掉，曹操顶着巨大压力说："让我对不起兄弟，你想多了！"

曹操征徐州凯旋，老友相见，执手相看泪眼，竟无语凝噎……关系就铁到这个地步。

所以曹操千算万算用算盘算，也没算到张邈会要自己好看。倘若张邈是为了自己升级，倒也说得过去，可为什么要把兖州送给长期霸占貂蝉的吕布呢，这可就太气人了！

原来，就在刚刚过去的不久之前，袁绍把公孙瓒狠狠一顿操练，声望急剧上蹿，实力瞬间裂变，张邈害怕曹操被袁绍压弯，早晚会向自己发难，于是和吕布勾搭成奸，给曹操来了一次刻骨铭心的背叛。

这在心理学上叫囚徒困境，说好的人与人之间的信任，悲哀地败给了

53

猜疑链条。

曹操原本也算磊落心胸，张邈的背叛让他从此患上了被迫害妄想症。

自己的老巢要丢，哪还顾得上报仇，曹操回师兖州，与吕布打得头破血流，双方互有胜负，谁也没把谁干服。

后来饥荒爆发，严重到了人吃人的程度，两个人说："一二三罢战，回家陪媳妇吃饭！"

这时袁绍乘虚而入，一顿勾引，撩拨芳心。

此时的曹操，历经生活的残暴、父亲的噩耗、兄弟的插刀，心情极其糟糕，一度想就这样从了袁绍，管他江湖热闹，我自平庸到老，幸有程昱的劝阻与陪伴，才使他的斗志重新点燃。

程昱表示，袁绍这个人空有野心，但却没有大智慧，一定不会有好下场，将军要是从了袁绍，恐怕韩信、彭越的往事，就是你明天的故事。

曹操瞬间打了个冷战，仅靠手中的三个小县，玩了命与各路诸侯周旋。

当元气逐渐恢复，曹操立马再战吕布。

这一次，曹操三战三胜，兖州重新回到手中。

曹操果然没有食言，张邈三族化作飞烟。吕布向徐州逃窜，这时陶谦已经完蛋，徐州成了刘备的地盘，曹操想约刘备一战，首席谋士荀彧万般阻拦。

荀彧为何会对刘备如此忌惮？

荀彧："忌什么惮，他就是个鸡蛋！"

没错，刘备此时好比软壳鸡蛋，江湖几位大佬，他跟谁死磕都是一个结果——瞬间散黄。

但刘备有一个非常明显的优点——张飞："我大哥贼能装孙子！"

所以陶谦刚一挂掉，刘备立马把脸皮一摞，主动站队袁绍。

当年江湖有个规矩：新入伙的小弟，要纳投名状表示诚意。于是刘备屁颠屁颠奔赴前线，铆足了劲去跟陶谦曾经的队友、袁绍此时的对头、已

篇三
曹孟德借势竖大旗，袁本初一战入绝地

经被曹操打软了的袁术死磕。

曹操如果在这个档口去打刘备，就等于跟袁绍叫板。

袁绍现在什么状况？霸着青、幽、并、冀四大州，是天下最牛的诸侯。虽然刘备是个软壳蛋，但打狗也要看主人是吧？

所以这段时期相对平静，曹操没约架，但也没闲着，捡了个皇帝，事业从此风生水起。

转过年来，曹操代表官方招降了宛城军阀张绣。军旅寂寞再加上得意忘形，就做出了一些不要脸的事情。

曹操收编张绣以后，志得意满，于是又开始打起了别人媳妇的主意，就问左右："这里有没有漂亮女子呢？"

老曹的侄子曹安民心领神会，说："张绣叔叔张济的媳妇邹氏，长得相当不错。"

曹操忙命人赶快请来。眯着眼睛一看，这邹氏的确花容月貌，曹操一见色迷心窍，便强行收了，夜夜欢愉。

按理说，张绣新降，理应好好安抚，曹操应该顾及人家的面子，搞好团结，增进感情。毕竟江山要紧，美人易得，来日方长。就是真喜欢这个女人，也该和张绣打好招呼，以礼聘娶，给足张绣面子。可这时的曹操估计太得意忘形，也是欲火中烧急不可耐了，毫不顾忌地做起了坏事。再者，你做了也就做了，悄悄进行不行？可曹操偏偏要搞得人尽皆知。

这下张绣面子彻底挂不住了，就有了弄死曹操的想法。

史书上说，张绣忍受不了自己的婶子受辱，也有江湖传言，说张绣和他的小婶子不清不楚。总之，张绣觉得是曹操让他失去了做一个好人的机会，于是又是那个毒士贾诩，帮张绣策划了一出偷袭大戏。

曹操此时正忙着和张绣婶婶对酒当歌人生几何，没什么防备，被杀得丢盔弃甲，一路狼狈逃窜，一直从今天的河南南阳跑到泌阳，才得以喘息。

这一次，曹操被揍得相当惨，他是侥幸逃脱了，可折了嫡长子曹昂、

一级战将典韦，侄子曹安民也身负重伤，最终不治而亡，以如此代价换来的邹美人也在乱军之中不知所踪。

这还不算完，曹操的正妻丁夫人发飙了！曹昂幼年丧母，由没有生育的丁夫人抚养长大，视如己出。对丁夫人来说，自己含辛茹苦培养的宝贝儿子就这么没了，而且还是死于老公的风流韵事，这个心结怎么能解得开？

她怒骂曹操："你害死了我儿子，从此我没什么可留恋的！"随即回了娘家。后来，曹操曾亲自去找丁夫人，他抚摸着丁夫人的背说："我们一起坐车回家，好不好？"丁夫人没搭理他，曹操走到门前又问："跟我回去，行不行？"丁夫人还是没搭理他，二人关系从此断绝。后来曹操病重，自认为时日无多，叹息说："我一生做事，没有什么后悔的。假如死后还有灵的话，子修如果问我他的母亲在哪，我将怎么回答啊！"

好色的曹操，这一次真可谓"赔了夫人又折兵"。

后来大家经常拿这件事取笑曹操：曹操好人妻，代价杠杠的。

贾诩，那个让曹操又恨又爱的男人

曹操此次惨败，可以说完全败于贾诩之手，贾诩这个人非常值得一提。

当初，贾诩便深知李傕、郭汜这两个土匪一般的武夫难成大器，跟随他们早晚会被殃及，便找个理由辞官而去，开始明哲保身。

后来，贾诩在他的老乡将军段煨那待了一段时间，贾诩看出段煨对自己只是表面礼遇，实则内心猜忌，怕自己夺了他的兵权。于是骑驴找马，准备跳槽。恰好这时张绣频频对贾诩暗送秋波，贾诩便转身投奔张绣去了。

有人问贾诩："领导待你这么好，你为何还要离去？"

贾诩说："这哥们生性多疑，有猜忌我的意思，待遇虽然优厚，却不可依靠。若待久了，说不准哪天他就会把我弄死。而我离开，他一定很高兴，又指望我联结外援，一定善待我的家人。张绣那边正缺谋士，我去了对他来说是如虎添翼，必然善待我，这样，我和我的家人都能够得到保全。"贾诩到达张绣处，张绣果然大喜，对他"执子孙礼"。而段煨知道贾诩离去，也果然善待其家人。

建安二年（公元197年），曹操征张绣，张绣降。曹操地盘还没占牢呢，就开始惦记人家的婶婶，弄得张绣非常没面子，心里发狠要收拾曹阿瞒。贾诩给张绣出主意，让他跟曹操说："我的部队需要调动防区，可是战车不够，东西装不下，只能让士兵自己带着武器盔甲，从您的防区路过，特来向你请示一下。"

曹操此间正色迷心窍呢，也没深思，大手一挥：批准了！

于是，曹操被杀了个措手不及，此战也成了他惨败的代表作之一，每每有人想羞辱他，都会提及。

曹操逃脱以后，报仇心切，第二年卷兵重来，直奔张绣，而袁绍则乘虚袭取许都，曹操无奈，只能匆忙撤退。张绣欲率兵打歼灭战，贾诩劝阻说："不可追，追必败。"

张绣不听，强行追击，被曹操亲自断后击败。贾诩这时又对张绣说："赶快再追，一定会获胜。"

张绣说："不听你的建议才落到这种地步，现在已经败了，为何要再追？"

贾诩说："形势已经起了变化，赶快去追准能获胜。"张绣听从贾诩建议，收集散兵，再行追击，竟将曹操后卫部队击溃。

得胜后，张绣向贾诩请教是怎么回事，贾诩解释说："这个道理很容易明白罢了。将军虽然擅长用兵，但还不是曹操的对手。曹军刚撤，曹操必然亲自殿后，我们的追兵虽精，但将领比不过他们，他们的士兵还很有士气，所以我知道将军你必败。曹操之所以还未尽力就已撤兵，一定是后方出了事，所以击破将军的追兵后，一定会全力撤退，留别人断后，他留的将领虽厉害，却比不上将军，所以我知道将军用败兵也能取胜。"张绣大为佩服。

让雇主重视你价值的最好办法，是帮雇主的对手打败他。

贾诩也知道，张绣这个人不是枭雄之才，他对自己足够优待、信任倒是真的，但在你死我活的竞争中最后一定是被淘汰者，所以为了自保，他还得跳槽，跳到一个足够强悍的领导身边。这一次他选择了曹操，那个曾经被他用计诛杀了爱子、爱侄、爱将的人。这次他不仅自己跳，还拉着张绣一起跳。

建安四年（公元199年），袁绍派人招降张绣，并与贾诩结好。张绣眼看着就同意了，贾诩却当着张绣的面回绝了袁绍。按正常人的逻辑，当时天下就袁、曹两大军团实力最为雄厚，而且袁家更胜曹家一筹，不投靠袁绍还投靠谁呢？但贾诩自有算计：

第一，自己屡次帮张绣痛打曹操，让实用主义者曹操看到了自己的价值；

第二，曹操这个人喜欢沽名钓誉，如果他连有杀子之仇的人都能宽恕，那绝对是好大一块招牌，天下贤能必然趋之若鹜。曹操志在四海，一定能做出正确取舍。

于是他胸有成竹地对张绣说，将军放心投奔曹操吧，我敢断言他不计前嫌，而且还会好生优待，高官厚禄都不在话下。

果然，张绣归顺曹操后，曹操故作宽容："让我们两家相逢一笑泯恩仇吧！"不仅如此，还拜张绣为杨武将军，又让自己的儿子曹均娶了张绣的女儿为妻，结成了儿女亲家。贾诩则拜为执金吾，封都亭侯，迁冀州牧，由于当时冀州为袁绍所占，贾诩便留参司空军事。

事后，曹操拍着贾诩的肩膀说："哥们，我看好你，是你让我的名声扬于天下，这份功劳我记在心里了。"

荀彧表示：袁绍无能，可以战胜他

书接上上回。

宛城之战不久之后，吕布再次反水，霸占徐州，下放刘备到小沛，与袁绍的关系也宣布告吹。

曹操逮住机会，毫无顾忌地对徐州出手了。曹老板一鼓作气，收服皇叔，吊死吕布，成为徐州之主。如果要他发表获奖感言，他要说的一定是："感谢吕布蠢如斯！感谢吕布蠢如斯！感谢吕布蠢如斯！"

重要的事情说三遍！

曹操很喜欢刘备，让他做了正牌左将军，还和他一起青梅煮酒吹牛皮，说天下诸侯用筷子扒拉，算得上英雄的，你信不信，就咱俩！

然而，刘备却利用曹操对他的信任，借着带队出差的机会反攻徐州。曹操伤心之余，雷霆万击，刘备扔下老婆跑路，关羽知道曹操的特殊癖好，只好留下来为嫂子守护。

此时曹操和袁绍，号称北方双骄。俗话说得好，一山不容二虎，除非一公和一母，很遗憾，这二位都是雄性动物，哥俩终于在一个叫官渡的地方彻底撕破了脸皮。

当年，曹操在宛城被张绣好一顿修理，袁绍却借机写信讥讽曹操，可把曹操气坏了，将袁绍书信让荀彧观看，说："我现在想要收拾他，但力量无法与之匹敌，阿彧，该怎么办？"

荀彧说："自古以来较量于成败场上的，如果真有才能，纵然弱小，也必将变得强盛；如果是庸人，纵然强大，也会变得弱小。刘邦、项羽的存亡，足可以使人明白这个道理。现今与您争天下的人，只有袁绍了。

袁绍这人，貌似宽容而内心狭窄，任用人才却疑心太重，您明正通达，不拘小节，唯才是举，唯才是用，这在度量上胜过袁绍；

袁绍遇事迟疑犹豫，少有决断，往往错过良机，您却能决断大事，随机应变，不拘成规，这在谋略上胜过袁绍；

袁绍军纪不严，法令不能确立，士兵虽多，却不能巧为任用，您法令严明，赏罚必行，士兵虽少，却都奋战效死，这在用兵上胜过袁绍；

袁绍凭其名门贵族，装模作样，耍小技而博取名誉，所以士人中缺乏才能而喜好虚名者大多归附于他，您以仁爱之心待人，推诚相见，不求虚荣，行为谨严克己，而在奖励有功之人时无所吝惜，因此天下忠诚正直、讲求实效的士人都愿为您效劳，这在德行上胜过袁绍。

凭借这四方面的优势辅佐天子，扶持正义，征伐叛逆，谁敢不从？袁绍强大又有何用？"

顿了顿，荀彧又说："如果不先取吕布，那河北也不容易图谋。"

曹操还有疑虑："诚如您所说。但我所忧虑的，是担忧袁绍侵扰关中，引发羌、胡叛乱，向南引诱刘璋，那样的话我就要用兖州、豫州来对抗天下的六分之五了。那该怎么办呢？"

荀彧告诉他："关中将帅数以千计，没有人能统一起来，只有韩遂、马超最强。他们见崤山以东地区正在争战，必定各自拥兵自保。现在如果以恩德招抚他们，派遣使者与他们通好，即使不能长久安定，但至少在您平定山东之前，足以不生变动。关西的事情可以托付给钟繇，这样您就可以放心出征了。"

篇三 曹孟德借势竖大旗，袁本初一战入绝地

曹操依言而行，收张绣，诛吕布，北渡黄河，击斩眭固，攻占射犬，控制河内郡，为抗击袁绍做足了准备。

在是否抗袁的问题上，曹操集团内部又展开了一场辩论。

孔融反对与袁绍抗争，他说："袁绍地广兵强，有田丰、许攸等谋臣替他出谋划策，审配、逢纪等忠臣为他做事，颜良、文丑勇冠三军，为他统领军队，恐怕很难战胜啊！"

荀彧分析说："袁绍兵虽众而法令不整肃，田丰刚愎而好犯上，许攸贪婪而不检束，审配专权而无谋，逢纪果决而刚愎自用，这两人料理后方，如果许攸家犯了法，一定不会放过，不宽纵，许攸必然叛变。至于颜良、文丑，不过匹夫之勇罢了，可以一战而擒！"一席话，坚定了曹操战胜袁绍的信心。

官渡之战一开始，由于力量上的悬殊，曹军屡屡战败，曹操也不免打起了退堂鼓，他写信给荀彧，说军粮完了，是不是可以把袁绍引到自家地盘。荀彧很快回信：不行。他分析了双方的优劣："眼下军粮虽少，还比不上楚、汉在荥阳、成皋之间那样艰难。当时刘、项双方都不肯先退，先退的一方必定处于被动。您以仅及敌之十分之一的兵力，就地坚守，扼住敌人咽喉使其不能前进，已经半年了。敌人的底细已经清楚，锐气已经枯竭，局面必将有所变化，这正是使用奇谋的良机，不可失去啊！"

曹操采纳其建议，继续坚守待机。

田丰乱我军心，绑起来关禁闭

曹操稳住关中，袁绍很难再联合其他诸侯剿灭曹操。但是，他有数十万兵马，而曹操仅有三四万兵马，论实力，袁绍仍然更胜一筹。于是，袁绍命大将颜良、文丑为先锋，刘备为后阵，自己带领主力，直奔许都讨伐曹操。

关羽秒杀颜良，报答曹操知遇之恩，一人一马一把刀，千里送嫂嫂。

曹操和袁绍相比，本就差点硬实力，却以博大的胸怀放任敌人如虎添翼。英雄惜英雄，这是曹操身上的一抹亮丽。但刘关二人的接连背叛，无疑寒了他的心，使他在被迫害妄想症的路上越走越远。

袁绍本来优势相当明显，可是一手好牌打得稀烂。坏就坏在他有儿子，还是亲生的。

官渡之战伊始，刘备杀了徐州刺史车胄，决定和袁绍联合起来，对抗曹操。曹操知道刘备不简单，如果不趁他羽翼未丰之时除掉他，任由他做大会对自己构成极大的威胁，于是决定先领兵攻打刘备。

此时，袁绍手下的谋士田丰对他说："曹操东击刘备，一时半会儿不会罢兵，大哥你如果能举兵偷袭曹操后方，令其首尾不能相顾，定可打得曹操屁滚尿流。"但袁绍却因为孩子生病，不肯出兵。田丰气冲冲地退了出来，边走边说："猪队友啊！千载难逢的机会，就这样浪费了，可惜啊，可惜啊。"袁绍听说以后，恼羞成怒，从此疏远了田丰。

等曹操打败刘备还军官渡后，袁绍孩子的病好了，他才匆促决定出兵，

篇三 曹孟德借势竖大旗，袁本初一战入绝地

田丰认为战机已失，不可贸然出兵，再次进谏说："曹操既然打败了刘备，现在许都必有重兵把守，已不再空虚了。而且曹操善于用兵，变化无常，常能以少胜多，不能轻视他，需要从长计议。"袁绍不仅不听，还以扰乱军心的罪名将田丰拘了起来。

白马一战胜利，曹操将城中百姓全部迁出，沿着河边往西撤退，准备加强延津方面的防御。袁绍大怒，下令即刻渡河追击曹操，沮授极力劝阻却毫无作用。沮授失望地说："掌权的狂妄自大，每个人只求贪功。唉！黄河悠悠，我还有机会返回河北吗？"沮授心灰意冷，于是称病告假。袁绍非但没有批准，还剥夺了他的兵权，将他的部队全部拨给了郭图。

延津之战，袁绍命大将文丑率军先打头阵渡河，自己和刘备紧随其后。曹操利用袁军轻敌冒进的心态，诱敌深入，结果把袁军杀得落花流水。大将文丑也被诛杀。颜良与文丑是袁绍麾下的两名大将，二人被杀，袁军士气大减。

白马之战、延津之战之后，曹军与袁军进入相持阶段。袁绍仗着人多势众，在官渡北面的阳武（今河南原阳东南），与曹军隔水对峙。曹操虽战胜了两仗，却没有扭转弱势的局面，袁绍兵多粮足，一时半会儿不容易扳倒。

袁绍率领大军继续向前推进，渡过黄河，在紧靠沙滩处筑营，连绵数十里。曹操则将大军两翼分开，构成独有战地。就这样，双方遥遥相望地僵持着，曹军的粮食也越来越少，士气逐渐低落。

不听沮授言，祸事已不远

　　这种情况下，曹操下令，深沟高垒，坚守不战。袁绍则修筑壁楼，堆起土山，从高处向曹营发箭，一时箭如雨下，曹营招架不住，将士们只得架起盾牌走路，但壁楼、土山不久就被曹军的"霹雳车"轰毁了。一计不成，还施一计，袁绍又暗凿地道通往曹营，不料，曹军早有准备，在营中挖掘长沟进行防御。曹军虽然处于守势，但还是派兵袭扰了袁军的运粮车。

　　两军就这样处于胶着状态，持续了一百多天，河南老百姓苦不堪言，很多人背叛曹军，投靠了袁军。局势对于曹操来说越来越不利。

　　于是，曹操写信询问留守许都的荀彧，想讨教个权宜之计，荀彧分析了当前的形势，逐条为曹操分析了利弊，再次鼓励曹操坚持下去。

　　然而，这种有利于袁绍的态势出人意料地急转直下。当时，袁绍派淳于琼带领万余人北迎运粮车，粮草关系全军安危，沮授特别提醒说："小心曹操偷袭！"

　　沮授这个人作为一名谋士，是非常有才的。

　　汉献帝辗转流亡到河东等地时，沮授曾建议袁绍迎献帝，迁都至邺城，挟天子以令诸侯；袁绍听后打算听从沮授的建议，但淳于琼等人认为要复兴汉室太难，而且迎立汉帝会削弱自己的权力，劝袁绍不要用此计策，袁绍于是放弃。而这个计谋被曹操用了一辈子，而且用得相当成功，次年曹操就在荀彧的建议下迎献帝迁都许县，成功挟天子以令诸侯。

　　袁绍命长子袁谭为青州都督，沮授反对，认为是祸胎，但袁绍坚持是

篇三 曹孟德借势竖大旗，袁本初一战入绝地

要令三子各据一州，以观察其能力。袁绍死后，三子因争位而大战，自相残杀，曹操没费多大力气就消灭了他们。

官渡之战前夕，沮授集合宗族，散尽家财，并说："袁公在官渡胜利的话，我们就会跟着一起无限荣耀，但战败的话，我们估计也就死无葬身之地了，真是悲哀啊！"

沮授的弟弟沮宗不认同，说："曹操的兄弟没我们多，战马也没我们多，哥哥你何必惧怕呢？"但沮授看得出曹操的雄才，他说："以曹兖州的大略，又有挟天子的资本，我们虽然攻灭公孙瓒，但军士疲倦，将军骄横，军队的破败正在这一举。"

官渡相持时，袁绍进军黎阳，遣颜良攻刘延，沮授劝说："颜良性格狭窄，虽然勇猛但不可独自任用。"反对任用颜良独自领军，袁绍不听。曹操救刘延，斩杀颜良。

袁绍将渡河之前，沮授又认为袁军应该留守延津，分兵进攻官渡，如果战胜，再增兵官渡也不迟；否则，兵众也可以安全撤离，但袁绍不听。沮授叹息，称病不见，袁绍因此对他怀恨在心，将沮授所余部队交由郭图统领。

袁绍领军行至阳武，刚刚下定寨栅，沮授出谋划策，他认为袁军虽然人多势众，但不如操兵英勇；曹军虽然精锐，但粮草储备不如袁军。曹军因为粮少，只求速战；袁军粮食充足，应该坚守不战，跟曹军相持，早晚拖垮曹军，取得战争胜利。

袁绍大为光火："田丰慢我军心，我正想得胜回来拿他是问。怎么你也这样去做？"他命令人将沮授监押起来，等打败曹军后跟田丰一块治罪。从整个三国历史来看，沮授的这一策略与后来司马懿熬死诸葛亮的方法不谋而合。但当时的袁绍正踌躇满志，怎么能听得进去逆耳良言。

沮授被软禁，仍心忧袁氏。他担心粮草基地乌巢有失，连夜求见袁绍，说道："适才我看天象，太白逆于柳、鬼之间，流光射入斗、牛之分，恐有

贼兵劫掠的危险。乌巢是我军储备粮草的重地，应该提高戒备级别。主公速遣精兵猛将，在山路不间断巡逻，防止被曹操算计。"

袁绍怒斥沮授："你是待罪之人，不思悔改，还一味放言惑众。"他一怒之下，杀了放出沮授的监押人员，重新安排人员看押沮授。

沮授叹道："我军亡在旦夕，只怕我的尸骸都将不知落到何处了！"

官渡，官渡，为何我输得一塌糊涂

与此同时，许攸则提出偷袭许都的建议，因为此时许攸意识到，曹军倾巢而出，许都定然守备不足，此时若能派轻骑奔袭许都，能既快又省地结束战斗，而且许攸还料到此时的曹军粮草已然不足，若能攻下许都，则断了曹军粮草的来源，到时曹军自会不战而降。

然而，刚愎自用的袁绍没有听进去分毫，无所动作。

这时，袁绍的第二批运粮辎重车队的一万多辆也已到达。袁绍把这些粮食和军用物资都堆积在前线大营的北后方，也就是距离四十里路远的乌巢（今河南延津东南），命令大将淳于琼率军一万余人在乌巢驻扎守护。

事有凑巧，此时有人告发许攸的儿子犯法，袁绍决定要严加惩罚，许攸感到事情不妙，一则自己的儿子犯法自己必然难逃罪责，二来袁绍刚愎自用，败绩必然，不如趁早开溜的好，于是投奔曹操。

曹操光脚迎许攸的故事大家耳熟能详。许攸带着曹操直接烧了袁绍的秘密大粮仓乌巢，没有粮食还打个什么仗，袁绍在实力明显高出好几筹的情况下，被曹操扭转了局势。

篇三
曹孟德借势竖大旗，袁本初一战入绝地

袁绍听闻粮草被烧，大怒，而后听了亲信郭图的意见决定攻打曹操大营。张郃冷静地说："曹操大营十分坚固，我们恐怕一时半会儿攻不进去。万一淳于琼再被擒，我们全体都要被俘。"

可是，袁绍正在气头上，根本听不进去。他命令张郃、高览带重兵去官渡攻击曹营，只派少数人马去解救乌巢。结果没有料到，曹操的士卒死中求生，奋力搏杀，一鼓作气攻下淳于琼营寨，斩杀淳于琼等将士，还把所剩军粮焚烧一空。随后又击败袁绍的增援部队，俘虏了袁军一千余人，割下了每个人的鼻子；俘获的牛马，割下了每头牛马的嘴唇或舌头，然后驱逐他们回袁绍大营。

张郃、高览攻打曹军大营，遭到曹军奋力抵抗。左边杀出夏侯惇、夏侯渊，右边杀出曹仁、李典，三路夹攻。袁军正想撤退，却遭到曹操人马从乌巢赶回，四下围住厮杀。张郃、高览不敌，只得夺路逃回。

袁绍不解，分明是自己兵队占优势，为何会被打得如此惨败。袁绍身旁的郭图谗言进谏，想要拿高览、张郃问罪。高览大失所望，对张郃说："袁绍听信谗言，迟早会败，不如我们去投奔曹操吧！"张郃看到袁绍这样对待自己，也只好同意投奔曹操。

二人带着自己的兵马投奔曹操，留守大营的曹洪对张郃、高览两位的投降，不敢相信，荀攸倒是一眼看穿其中的原因，便说："张郃足智多谋，在袁绍麾下确实屈才。况且，他的计谋并不被采纳，这才是他归附的真心，你不必担心。"曹洪这才放心让他们入营。曹操回营后，听说张郃、高览两位大将前来投降，十分高兴，立即封他们为将军。

袁绍大军连连失利，几名大将被斩杀，几名谋士投降曹操，使得袁军上下惊恐，不知所措，军心动摇。许攸劝曹操趁机火速进攻。张郃、高览打头阵，曹操采纳了这样的建议。当天夜里，曹军兵分三路出兵，袭击袁军，袁军被打败。

而后，曹操又同荀攸商议，扬言曹军已兵分两路，一路去夺取酸枣，

直接进攻袁绍的大本营邺城；另一路取道黎阳，断了袁军的归路。这消息传到了袁军大营中。顷刻间，袁军士兵崩溃，四散逃命。不得已之下，袁绍只好与袁谭慌忙逃走。慌乱之际，甚至没有披上战甲，只得用丝巾包住了头发，率领剩下的八百余步骑兵，北渡黄河。而曹军一路追杀，直到袁绍渡过黄河为止。而后，曹军又把袁绍大营中的贵重物品全部占有。

此次官渡之战，虽然曹操只有三四万人马，袁绍有十万余人马，最后，曹军却杀死袁兵七八万人马。

沮授没来得及追随袁绍渡河，结果被曹军俘虏。不过，他不仅没有示弱，反而大喊："我不是投降的，我是被俘的。"曹操念在自己与沮授是老友的份上，亲自出帐迎接他，说："当下兵荒马乱，我们无法相互联系，想不到今天在这里见到你了。"沮授无奈地说："袁绍不能听信良策，自取其辱；而我没有投到明主，使才智不能施展，理应得到这样的惩罚。"

"袁绍没有军事和政治智慧，不会欣赏你的谋略。但天下大乱，正是需要你的时候。希望能跟你共同磋商。"曹操恳切地说。

沮授只好又说："我叔父跟兄弟的性命都握在袁绍手里，我若是投奔于你，他们就会被杀。所以，请您尽快杀了我吧。"

曹操叹息说："我要是能早点得到您的帮助，天下的事都不必担心了。"说罢，便命令部下把沮授给释放了，还给予了他特别厚待。但是不久之后，沮授想要偷偷逃回北方，曹操无奈之下，只好把这位一心逃走的好友处决了。

建安五年（公元200年），曹操在官渡之战中以少胜多，击败了北方最大的割据势力袁绍，从而更加巩固了自己在中原及北方的地位，为统一北方奠定了基础。而这一年，他四十六岁。

建安六年（公元201年）春，曹操想利用袁绍刚刚被击败，不会轻易兵下南方的机会，借机攻打南面的荆州刘表。还把大军移到了大丰收的安民（今山东东平西南）一带，以解决军粮问题。

荀彧认为曹操的这一策略不够缜密,便十分冷静地分析了当前形势,说道:"袁绍刚刚被击溃,军心势必不稳,人心涣散。我们应该就此机会一举歼灭,以除大患。如果南征,路途不仅遥远,运输粮食也是个问题。要是袁绍再重整大军,乘虚而入,我们将陷入被动的状态啊!"

曹操听罢,觉得十分有道理,便搁置了攻打南方的计划。当年夏天,曹操为了震慑袁绍大军,沿着黄河示威,并击破驻防仓亭(今山东东阿)的袁绍部队。

到了秋天,曹操回到都城许县。却闻讯刘备受袁绍之命,侵扰汝南,曹操便亲自率军进攻汝南。刘备不是曹军的对手,难以抵挡猛烈的攻击,弃城去荆州投奔了刘表。

次年正月,曹军在河南谯县整顿三个月,再次北上,进驻官渡,准备向袁绍的大本营邺城进军,意图一举歼灭袁绍。

老子这次打仗,就是为了帮你抢甄洛

官渡之战后,袁绍大败而归,曹操迅速整顿军马,渡过黄河,紧追袁绍。袁绍与曹操的兵马实力不相上下,甚至更高一筹,因此,袁绍败北之后,心有不甘,认为自己仍然据有大片土地,为了一雪前耻,召集了河北四州之兵,在仓亭扎寨,打算与曹操决一死战。

前面说到,曹军乘胜追击,与袁绍军队摆开阵势,交锋厮杀。曹军的徐晃军团出战,袁绍的幼子袁尚英勇善战,将曹军的部将史涣杀于箭下。

曹操尚未击溃袁军,反倒被杀一名大将,心中十分烦闷。他对众谋士说:"像这样的厮杀对阵,到底什么时候才是个头啊!这样消耗下去,对我军不利!"

程昱趁机献计:"以往有秦末楚汉之争,高祖皇帝十面埋伏之计,让项羽乌江自刎。我们何不效法?"曹操来了兴致,让程昱继续讲下去。

"我们就将军队退到黄河边上,背水为阵,伏兵十队,引诱袁绍前来。"

曹操大惊道:"这不是太危险了吗?"

程昱笑道:"兵法上讲,置之死地而后生,我军没有退路,自然拼死求生,众将士一定稳胜袁绍。"

曹操仔细思考过后,觉得程昱的计谋可取,便采纳了他的意见。他下令将全军分为左右各五队,左列,一队夏侯惇,二队张辽,三队李典,四队乐进,五队夏侯渊;右列:一队曹洪,二队张郃,三队徐晃,四队于禁,五队高览,许褚为中军先锋。

次日,十队人马先行,预先埋伏起来。到了半夜,曹操伙同许褚率军前进,佯装偷袭袁军大寨。袁绍见曹操率兵前来,便大笑道:"曹操这下可是自投罗网。"于是,下令所有五寨人马,全力迎战许褚大军。

许褚一战便退,佯败逃走。袁绍率军追赶,厮杀之声四起。等到天亮,袁绍将许褚逼到黄河边。曹操趁机大喊一声:"后面有袁绍的追兵,前面是黄河,我们已经没有退路了。大家不如决一死战吧!只有这样,我们才有活着的机会!"曹军众将士一听,瞬间士气大振,一鼓作气杀向袁军。许褚一马当先,挥刀斩杀袁军十来个将领。袁军方寸大乱,只好撤退。

左边夏侯渊、右边高览两支兵马冲出追击,袁绍带领三个儿子和一个外甥,拼死杀出一条血路。但没想到,跑了十来里,左边乐进、右边于禁杀出,杀得袁军尸横遍野。又跑了数里,左边李典、右边徐晃两支人马截杀过来,袁绍父子胆战心惊,休息之时,奔入寨门,埋锅造饭,正要吃时,左边张辽、右边张郃,径直前来冲寨。袁绍顾不得吃饭,慌忙上马率领剩余士兵冲出仓亭,人困马乏,曹操又率大军赶来,袁绍拼命逃离。又被右边曹洪、左边夏侯惇，挡住去路。袁绍大叫："如果不拼死一搏，我们都要被活捉了！"袁绍和儿子们奋力杀出，侥幸逃跑。

而后，袁绍痛苦地大哭，长叹道："我一生经历战事数十次，从没有像今天这样狼狈过！"无奈之下，他只好命令各部将回各地整顿军务，自己则带着袁尚回冀州养病去了。经此一战，袁军溃败不堪，曹军声威大震。曹军趁着自己士气正足，一鼓作气追击北部，直到打败了强大的袁绍，这为统一北方扫清了极大的障碍。

官渡一战之后，袁绍一蹶不振，心里觉得自己输得太窝囊了，最后窝囊死了。

袁绍死后，他的两个坑爹儿子自相残杀，曹操坐收渔翁之利，顺便又收了个人妻，不过这次没便宜成自己。

这个人妻叫甄洛，袁绍的二儿媳妇，据说一下子就迷倒了曹操爷仨。

《世说新语》上说，曹操打下邺城第一件事，就是找甄洛，至于目的，还用细说吗？谁知，让曹丕这小子抢先了！曹操只得改口说："老子这次打仗，就是为了帮你小子抢甄洛！"但对甄洛的特殊感情，老曹一直压抑在心中，有生之年对自己的儿媳妇可好了。

在这场战役中，袁绍错过了多次成功击败曹操和挽救战局的机会。比如说，田丰和许攸偷袭许都的建议，都是天赐良机，尤其是许攸提出袭击许都的想法条件更为成熟，又如张郃建议先救乌巢的想法也是可以扭转战局的意见，但是袁绍都没有采纳，结果一败涂地。

回眸三国那段铁马金戈的历史，官渡之战的刀光剑影犹在眼前。诸葛亮在《隆中对》中评价这场战争时说道："曹操比于袁绍，则名微而众寡。然操遂能克绍，以弱为强者，非惟天时，抑亦人谋也。"在这里，诸葛亮指出了袁绍的名气比曹操大，资本也比曹操雄厚，但曹操最后却得胜了，得胜的原因是"人谋"。诚然这场战争的胜利和曹操善于谋划分不开，但是袁绍在关键时刻的优柔寡断，糊涂无知也是重要原因。

有了四世三公的名望，有了庞大的军队，对于成就一番事业来说，是多么好的机遇啊，但是袁绍没有把握住，于是历史的天平倾向了曹操，历史的轨迹也不再是以袁绍为主线了。

　　至于那个许攸，立功之后就忘了自己算是老几，大庭广众下完全不把曹操放在眼里，被曹操弄了个人首分离。

　　几年后，曹操横扫北方，一家独大。哦，对了，西北还有个老马家，但老马家典型的有勇无谋，难成大器，不着急收拾他，让他继续窝在山里撸串吧！

　　此时的曹操虽然年龄已老，但老当益壮，他的目光盯着远方，在那遥远的地方，有两个好姑娘……

篇四

刘玄德四处当小弟，诸葛亮初定三分计

> 刘备说打个头啊打！老子拿什么打！我就这样怼上去，是和曹操打，还是让曹操打！江东哪个精神病院门没关，把你放出来了？
> 鲁肃也不急，非常淡定地告诉刘备："我有小权权，专捶他胸口！"
> ……

这个皇叔身份，其实挺有意思的

三国雄出没，一装一卡车。

别说谁邪恶，没有纯洁的！

笔者觉得，曹操已然很奸狡，但只要刘备在，曹操实在不配做三国奸雄的课代表！

声明一点：笔者并没有说刘备是混蛋。乱世中混饭，谁做道德标杆，谁就被砍翻。但我们也不能因为喜欢，就写个"演义"瞎吹乱编，是不是？

那么按照惯例，咱们先从刘备的身世说起。

刘备的家道从他父亲起开始中落，他爷爷刘雄在世时，官至东郡范县县令，那可是县长一级的官。他父亲刘弘也被举为孝廉，但因为去世得早，才使得家境越来越不景气了，刘备与母亲只能以织席贩履为生，日子过得不怎么样。

生活虽然困顿，但并没有困住刘备的志气。他家篱笆墙边上有一棵五丈多高的大桑树，从远处看去繁盛的树冠如同大车盖一样。来往的人都觉得这棵树长得不像凡物，说此家必出贵人。刘备小时候和小伙伴们在树下玩耍，有次突然说道："我将来一定会乘坐这样用鸟羽装饰车盖的车子！"他叔叔刘子敬听了吓一跳，因为羽盖的车只有帝王才可以享用，他赶紧对刘备说："别胡说八道，我们会被灭九族的！"另一同宗叔父刘元起赞叹道："这孩子将来前途无量啊！"

篇四
刘玄德四处当小弟，诸葛亮初定三分计

然而，在万恶的封建社会，爹才是资本，爹才是底气，没有爹爹托底，哪怕你才华横溢，也不容易出人头地，而像袁绍那样的高干子弟，打出娘胎就比一般人牛气，哪怕他三商很低。

于是，刘备为了弥补这个先天败笔，逢人便说自己是中山靖王后裔。

《三国演义》曰，刘备见到汉献帝，把自己家世一吹嘘，献帝马上跟刘备叙家谱，最后发现：哎呀！有趣！天上掉下个怪叔叔！

而正统史料记载，刘协是刘启十四世孙，刘备是刘启十九世孙，上过一年级的朋友应该都会算。这个"皇叔"叫的是多么地扯淡。实际上是不是人家孙子也很难说！

退一步说，就算他是皇族血脉。但你知不知道中山靖王有多少后代？说出来吓死人！光儿子一百二十开外！

一百二十多啊！中山靖王在世53年，就算他从13岁开始当爹，只说儿子，平均每年也要生三个！

再给皇叔加点菜，扒扒他们家二世祖的不光彩。

皇叔的二世祖叫刘贞，因为庶出所以欠身份，又因为做假祭金，被一撸到底成了平民。

汉朝延绵四百年，老刘家的孩子用车铲，光说中山靖王的后代，你都数不过来。

所以皇叔整天挂在嘴上的"中山靖王之后"，含金量几乎没有，他身体里那丝皇室血脉，简直要用显微镜来查找。

说点题外话，有时候多生儿子还真有好处。你看，刘备说自己是中山靖王后代，刘禹锡也说自己是中山靖王后代——一个就知道花天酒地的风流王爷，愣是靠这些所谓后代标榜自己的皇室血脉，在历史上混出了名声，比起太多烟消云散的诸侯王，简直不要好太多。

我们可以设想一下：

当年献帝约见刘备，聊起家庭情况，刘备说，"我老祖是中山靖王！"

献帝当时就懵了——这位色鬼王爷的后代也太多了！要想确认估计挺难。碰巧用人之际，献帝一看刘备挺大岁数，管他真假，认个叔吧。

献帝当然有自己的盘算，他当时受曹操欺负，见刘备算个人物，就想拉他入伙，随即宽衣解带……整了个衣带诏。但这位"叔叔"可不怎么样，一见情况不妙，撒丫子就跑。

跑归跑，但皇叔的身份终究被官宣，这给他带来的好处可不一般，甭管当时怂成什么样，皇叔的招牌一亮，待遇不要太好！

比如：陶谦对刘备礼遇有加，甚至三让徐州，一个相当重要的原因就是刘备汉室宗亲的身份，按演义中所说是"刘公乃帝室之胄"。

袁绍虽然不把刘备放在眼里，但当刘备失了徐州前来投奔之时，还是迎出邺城三十里，袁绍礼贤下士没错，但是未尝没有看重刘备皇叔身份的原因。

刘表虽然不喜欢刘备，但还是勉强接纳了刘备，还给了他一座新野城，一个原因也是看在同是汉室宗亲的份上，当然让刘备替他挡在曹操南下第一线也是一个原因。

和投奔刘表原因差不多，刘璋之所以邀请刘备入川帮忙抵抗张鲁，正是因为刘备和刘璋都是汉室后裔。结果被刘备给鸠占鹊巢了。

刘备一次次投奔别人，别人也不忌讳地一次次收留他，和他这个皇叔的招牌都有莫大关系，要知道，刘备投奔谁，基本上谁就离灾难不远了。

后来，在曹丕称帝后，刘备亦称帝，国号仍为汉，他的汉室宗亲和大汉皇叔身份更是使他在法理上占据了道义的主动。可以说，这个身份一次比一次管用。

篇四
刘玄德四处当小弟，诸葛亮初定三分计

跟谁谁枉死，刘皇叔也是绝了

再来个耸人听闻的！

我不说大家不知道，一说大家一定吓一跳：皇叔，其实只是刘备对外公开的身份，他真实的身份是——扫把星！

绝对上天派来的！扫到哪里哪里灭，跟谁谁见阎王爷！三国大哥多，也禁不住刘备克，最后收养过刘备还有幸活着的，只剩下曹操、孙权两个命硬的家伙。

既然是上天派来的，高阶技能包怎么少得了，要不上天的脸往哪搁？

扫把星刘皇叔下界总共带了四个超炫技能包，除了上面提到的跑和克，还有哭与借，个个杀人不见血，祸害人于无形……

史料记载，第一位被刘备克死的，是刘爸爸，所以他的家庭成分是——孤儿寡母。

刘备15岁那年，刘妈妈做了一个深明大义的决定——砸锅卖铁，送儿子去上学！

当时社会上流行这样一句话："非读书，不明理。要知事，问卢植。"

卢植是当时的学术界泰斗，能成为卢植的学生，比现在上清华北大都值得吹。

问题是，刘家很穷！卢家没有免费的午餐，卢植不是到刘备家乡支教，也不会因为刘备耳朵大特爱哭，就允许他免费读书。后来多亏有个好心的叔叔帮助，刘备才进入卢府。

一般来说，接下来会发生一个励志故事：

刘备穷人家孩子早当家，发奋努力、刻苦读书，把自己吊在房梁上、拿锥子扎屁股、凿隔壁新婚小两口承重墙什么的，最后德智体美劳全面发展，学姐学妹为他疯狂叫喊……

然而，我们都想错了！

刘备觉得学习太辛苦，哪有吃喝玩乐来得舒服，趁年轻，拼命疯，再不声色犬马我们就老了！完全一副纨绔子弟的派头！没有富二代的命，却得了富二代的病。

有读者可能要问了，他不是个贫困户吗？怎么纨绔？

要知道，对刘备来说，没钱算个啥，可以傍大款啊！第一个被刘备傍上的，就是他的同学公孙瓒，家里有钱，长得好看，还在太守府里吃软饭。有这么好的资源，不利用是笨蛋。

于是乎，巴结吧！少年。

刘备的苦心没有白瞎，公孙瓒一直对他照顾有加。后来公孙瓒成了气候，刘备又赶去求收留，老同学很大方，竟敢用生命收养他。

读者朋友们应该都听说过，这世间有一种毕业叫失业，说的就是刘备这种。

卢植辅导班停课以后，刘备挺着酒囊饭袋的肚子回到家里，因为没有背景又不好好学习，最终只能摆地摊卖草鞋。

那天，大龄剩男刘备看到政府招军榜，一声慨然长叹，泪水在眼窝里打转（还没哭），愣把一个五大三粗的糙汉子张飞给整感动了，拉来关羽入伙，从此三个老铁形影不离。

黄巾军泛滥期间，刘备因为"扫黄"有功，捞了个派出所所长，但因为督邮懒得理他，刘备感觉受到了无情的伤害，小脾气一上来，给人一顿暴打，然后肇事逃逸。

然而罗贯中先生为了美化刘备，这个黑锅愣是让张飞背了上千年。

篇四
刘玄德四处当小弟，诸葛亮初定三分计

大事不好，拔腿就跑，这是老刘家的光荣传统。从刘邦到刘秀，哪个没有一段菜刀砍电线——拉风又闪电的逃跑经历。刘备没给老祖宗丢脸，大半辈子都在跑，边跑边哭，边哭边把人往死里克，当之无愧的三国第一灾星跑男。

刘备跑男第一站，又是倒霉的公孙瓒。给公孙瓒打工十一年，实力强大的公孙瓒被势均力敌的袁绍打惨。正赶上曹操要血洗陶谦，刘备带走一千人声称去救援，笔者觉得，可能是见事不好——拜拜了您呐！

最后，走投无路的公孙瓒点起一把烈火，把自己化作一缕青烟。

注意，刘备这次开小差不是一个人，还借走了武力值仅逊于吕布的赵云。分手时更是使出拿手本事——哭，泪珠像断了线的珍珠，愣把忠心耿耿、一身是胆的铁汉赵云给暖得心都化了。

于是等到公孙瓒一死，赵云便迫不及待地投入了刘备的怀抱。

刘备的技能继续泛滥，到陶谦那刚蹭了几顿饭，陶谦便去地府与公孙瓒唱起了二人转。

陶谦一走，刘备迅速荣升为徐州集团董事长兼首席执行官，实力雄厚的国企领头人，风光的很。

天将降大任于斯人，必先令其受苦受难

这是刘备首次咸鱼翻身，完成逆袭。也是在这一年，刘备终于告别了"长年当鳏夫、吃个鸭舌都想哭"的苦闷生活，老牛啃嫩草，得到了刚满十八岁的甘夫人。

解释一下：鳏夫，就是丧偶后没有再婚的男人。你别误会，不是刘备痴心绝对，"死生契阔，与子成说"什么的，实在是天命所归——克人啊！娶一个死一个，克死好几个。然后还娶……

你以为老夫少妻，一定是爱你爱到骨头里？那你又想错了！你知不知道刘备有句口头禅，说什么"兄弟如手足，老婆如衣服"，一直被坏男人们奉为经典？

甘夫人自从跟了刘备，可以说倒了血霉，她的命运，整个就是刘备的落难史。

蜜月期里，刘备对甘夫人的确非常宝贝，我和你缠缠绵绵双双飞，然而一遇到要了命的事情，就变成了大难临头各自飞。抛妻弃子这一点，刘备跟他的老祖宗刘邦很像。

新婚之后，也许是体力透支，大脑缺氧什么的，刘备出现了重大决策失误，引狼入室招来了吕布。

吕布刚刚破产，看到刘备空手套白狼，白得这么大份家产，心态严重失衡，索性趁刘备外出和袁术火拼的时候，直接动手抢劫，不但把家产抢了，连他老婆也一块抢了。

辛辛苦苦十几年，一夜回到了当年，媳妇还落到别人手里边。这要是一般人，绝对是要跟对方玩命的节奏。但刘备是一般人吗？人家绝对是能屈能伸的！二话不说就装孙子，可怜兮兮去向吕布借小沛。

吕布虽然没有节操，但脸面还想要，怕天下人戳脊梁骨，硬着头皮就答应了。可身旁卧着一只老虎，难免心里发怵，心说可别养虎为患呐！就派张辽、高顺把刘备又打了一次。

这下彻底凉凉了，甘夫人再度落入吕布之手，而且还多了个糜夫人。

刘备走投无路，只好去向曹操求助，两个人煮酒泡桑拿，不是，煮酒论大拿。

关于煮酒论英雄这段，笔者看过一个笑话，非常有趣，非常顽皮，给

篇四
刘玄德四处当小弟，诸葛亮初定三分计

读者朋友们分享一下：

话说曹操、刘备两位大佬在一起喝酒吹牛，身后分别站着关羽、张飞、徐晃、郭图和许褚。

二人正吹得起劲呢，刘备突然一阵咳嗽，一口老痰脱口而出，场面十分尴尬。关羽见状，立马上前一步："痰从雨（羽）中来。"

张飞心说咱也不能落后啊，好歹咱也是有小学文化的人，紧跟着说道："痰是飞上来。"

这场面把曹操羡慕坏了，回去就指着徐晃等人鼻子说："你看看人家的员工素质，气人不气人？我给你们个机会，把脸给我争回来！"

曹操为了跟刘备较劲，连吃两天黄豆，然后又约刘备撮饭，席间排气连连，味道相当新鲜……

徐晃谨遵曹操教诲，连忙上前解围："屁是晃出来！"

曹操刚要骂人，郭图抢话道："屁是吐（图）出来！"

曹操操起酒杯就要砸郭图，却听平时话不多的许褚发言了："屁是猪（褚）放的！"

曹操一口老血，喷了刘备一脸。

好了，笑也笑过了，咱们继续说书。

曹操这时已经混得很优秀，一出手就把吕布吊死在了白门楼，顺手又兼并了徐州。

吕布死前曾诱惑曹操，说咱俩联手，妥妥的天下第一，曹操很有些心动。

吕布又让刘备帮忙说情，因为辕门射戟救过刘备一命，刘备微微点头，笑容渐渐下流。

然后刘备对曹操说："他的外号你忘了？丫卖爹！丁原、董卓咋死的？"

曹操想了想，就把吕布杀了！

这其中还有个插曲，是关于曹操和关二爷抢女人的，又称英雄难过美

人关。

话说吕布有个部将，媳妇非常漂亮，就被关二爷惦记上了。曹操兵围下邳时，关二爷赶紧去打预防针："喂，大哥，别人媳妇你也抢不少了，这个留给我行不？"

曹操表示，云长你尽管放心，老曹我不是那样的人。

然而关二爷还是不放心曹操的为人，跑过去三令五申，反倒激起了曹操的好奇心。

于是拿下下邳城以后，曹操第一件事就是寻找关二爷口中的杜夫人，初见面时，简直口水直流三千尺，瞬间就把对关二爷的承诺就着口水给吞了。

笔者觉得，关二爷后来死活要离开曹操，跟这事多少有点关系。

刘备被曹操收养的这段日子，除了夹着尾巴装孙子，没什么糟心事，还顺带把皇叔的噱头办成了铁一样的事实。

但天下哪有免费的慕斯蛋糕？汉献帝等于是给刘备下了个套——给你个皇叔的尊号，你好意思不奉我的衣带诏？

汉献帝这招很鸡贼，衣带诏就是埋在刘备与曹操之间的一颗雷，随时都能把其中一人炸得粉碎。刘备只得再放大招——跑！

刘备趁袁术搞事情，诓骗曹操说要报答他的恩情，请求领兵去跟袁术对对碰。结果脚底抹油——溜了，还拐走了曹操好几万大兵。

刘备再次返回徐州，砍死了曹操安排的徐州老大车胄，继续当他的董事长兼首席执行官。不久，衣带诏事件暴露，新仇旧恨火上浇油，曹操把刘备好一顿胖揍。

刘备又跑了，扔下老婆兄弟，自己跑到袁绍那里躲猫猫。关羽陪着嫂子成了曹操的人质，张飞躲到芒砀山开了个黑公司。

隆中对，出了隆中不知道对不对

接下来的事情前面讲过了，袁绍不知天高地厚，竟敢将刘备收留，结果实力全面占优，却被曹操打得狗血淋头。

当然，刘备并没有受多少连累，他是有多鸡贼，早早就发现苗头不对，找了个借口脱离袁绍，带着媳妇和兄弟又去祸害荆州刘表。

大表哥当时就懵了！

刘表对刘备很不信任，但刘备却过得很开心，因为他得到了一个非常厉害的年轻人。

这个年轻人叫诸葛亮，字孔明。在放了刘备两次鸽子以后，给他写了一份很霸道的职业规划——隆中对。

诸葛亮虽然隐匿山野，然而他未出茅庐却尽知天下。他对刘备说："自董卓以来，豪杰并起，地盘跨州连郡的不可胜数。曹操和袁绍相比，名声低，人马少，结果他反而打败了袁绍，以弱胜强，其原因并非天意，而在于人谋。如今曹操拥有百万人马，挟天子以令诸侯，你是很难与他争锋的。

"孙权占据了江东，已经历了三代，地势险固，民心归附，而且有一批贤将才士为他效劳，因此只能与他联合，而不能去图谋攻取。

"荆州之地，北依汉水、沔水，南达南海，东连吴会，西通巴蜀，堪称用武之地，但它的主人守不住，这大概是上天特意留给将军的，将军是否有意拿下呢？另外，荆州西面的益州，地势险要，沃野千里，是一个天府之国，昔日汉高祖刘邦正凭借此地而成就了帝业。然而，益州牧刘璋懦弱无能，在他北面占据汉中的还有一个张鲁，民殷国富，但不知爱惜，因此有才智的人都渴望有一个贤明的主子。将军既然是皇帝之后裔，且信义又闻于四海，能广交天下英雄豪杰，思贤若渴，如果能占有荆、益二州，固守险要，西边与诸戎和好，南面安抚夷越等各民族，对外与孙权结为友好邻邦，对内则修明政治，等待时机。一旦时机一到，就可命一上将统率荆州军队北上夺取宛城，汉室可兴了。"

诸葛亮一席话就如黑暗中一道闪电，照亮了混乱复杂的天下政局，使刘备茅塞顿开，眼前呈现出一幅三分天下的蓝图。于是，刘备喜出望外，拜诸葛亮为军师，上马同回军中。

若干年后，地府中，刘备与诸葛亮相遇。

刘备："小明啊，说好的一统天下呢？能不能给我个解释！"

诸葛亮："主公，隆中对，在隆中自然是对的，出了隆中就不敢保证了！"

书归正传，刘备在大表哥那里终日无所事事，不免沉迷女色，不久便生下了阿斗。

诸葛亮偶尔也会提醒刘备："咱是要做大事的人，不能整天想着女人，红颜祸水啊主公！"

刘备曰："小明说的对！"

一旁关羽怒问："孔明你几个意思？"

想想刘备青年创业，起起落落，也曾荣光闪闪，也曾倾家荡产。一个大老爷们，四十多岁还在亲戚家蹭饭，老婆被人抓走好几回，换个脸皮薄点的，早就活不下去了。但刘备不会，他是扫把星下凡，他的使命还没完成——大表哥还没死呢，我死啥啊！

于是一次跟大表哥吃完饭，中途上厕所他又哭了："想当年我也是临风玉树，怎么一眨眼就变成了油腻大叔！"

哭归哭，哭谁不会啊，关键是，哭过之后你做什么？是躲起来舔伤，

篇四
刘玄德四处当小弟，诸葛亮初定三分计

继续迷茫？还是万箭穿心也要活得光芒万丈？刘备选择了后者，从此养精蓄锐，收买人心，羽翼渐渐丰满，明晃晃地引起了大表哥的忌惮，大表哥想了个损招，目的是把刘备赶跑。

大表哥让刘备去守新野，以炮灰的姿态与曹操对抗，谁承想刘备来了一出火烧博望，烧得夏侯惇和于禁哭爹喊娘，民间声望蹭蹭上涨。

纠正一下，三国演义中，火烧博望，计出诸葛亮，事实上这又是罗先生耍的花腔，大家记一下：火烧博望，是刘备打的漂亮仗。

打了这么个大胜仗，刘备自然心花怒放。可是刘备越开心，大表哥就越不开心，心说你这么猛，将来反咬我咋整。得了，刘备你也别在新野练级了，来我身边，我看着你。

可大表哥忽略了刘备的邪恶属性，果然没过几年，大表哥就一命呜呼了！

大表哥死后，他的两个坑爹儿子为了争遗产打得头破血流，结果白白便宜了老曹头，轻而易举吃下了荆州这块肥肉。

刘备又开始跑，这次带着百姓一起跑，高调表示"我不忍心看百姓被曹操弄死。"

笔者也觉得，刘备这话简直不要太虚伪。

谁不知道曹操把人心看得很重，除了当年徐州发过一次疯，啥时候不是小心翼翼呵护名声？那么面对无冤无仇的吃瓜群众，他怎么会往自己身上抹灰？

刘备这么做，显然是有算计的——打不过你，我就恶心死你！

其一，包装自己的仁义，顺便把曹操抹成黑驴。

大家可以脑补一下，刘备为了把自己夸成白莲花，肯定要将曹操诋毁得他妈妈都不认识他。然后自己带着百姓跑，让曹操在后面追，简直不要太厚黑。

这其二呢，笔者的猜想可能有点腹黑，不知道对不对。

当时的情况是这样，曹操兵多而精壮，刘备人少还营养不良。这样的队伍不隐蔽，曹军目标很清晰，轻而易举追上去，不费力气干死你！

然而，如果刘备将自己的队伍混入十几万百姓中，情况可就不一样了。曹军找不到精准目标，对形成障碍的老弱病残又不敢挥下屠刀，提速提不了，一点没招。

而刘备这边，不仅可以方便自己脱险，还能随时补充兵源，心机之深，深过百年老树根。

更精彩的还在后面呢，作秀就要作到底，刘备全程飙演技。

在携民逃亡的路上，跑着跑着，刘备就哭上了，痛哭流涕，声泪俱下："是我连累了大家！老夫心里有愧啊！让我死了吧！"

说着便做出屈原投江的姿势，谁知被小弟轻轻一拉，就拉住了！然而，不明真相的吃瓜群众却被刘备给演哭了！是真哭了！

这时有好心人劝刘备，说你自己跑吧，带着这么多人肯定跑不了。刘备心想"老子自己跑，才真跑不了！"嘴上却说："在下做不到啊！大家死心塌地追随我，我怎么能那么不仗义呢！"

这一下，刘皇叔"真仗义"的美名传遍千里。

长坂坡单骑救主，赵云真猛

紧跟着，赵子龙白马银枪，血战当阳。

提起赵云，我们脑子里立马会出现一个银盔素甲，白马长枪的玉面将军，这主要是受当今影视作品的影响。历史上的赵云与我们心中的赵云形

篇四 刘玄德四处当小弟，诸葛亮初定三分计

象有一定的差距。

《三国演义》中说他"面阔重颐"，是大宽脸，双下巴；《三国志》里是"姿颜雄伟"，应该还是一副粗壮模样，总之肯定不会是奶油小生形象。

赵云最初是公孙瓒的部下，后来在邺城跟了刘备。这时候的刘备，一直在颠沛流离，五次易主，四弃妻儿，但是赵云始终不离不弃。赵云的第一个闪光点在长坂坡。

当时，刘备带着百姓向南逃往江陵，曹操派麾下精骑快马追赶，终于在当阳长坂附近追上了刘备。此时情势危急，刘备把老婆孩子一丢，仅带着张飞、诸葛亮等数十骑向南逃逸，而赵云却反而向北进入曹军势力之中。有人禀报刘备说"赵云必定是向北投靠曹操去了"。刘备闻言，用手戟掷那告状的人说："子龙是不会弃我而去的。"

果然，赵云怀抱刘备的幼子刘禅，保护着刘备的妻子甘夫人，平安地回到刘备身边。此战之后，刘备便任命赵云为牙门将军。

需要注意的是，"单骑救主"并不是刘备的命令，而是赵云主动去做的，可见赵云的赤胆忠心，还有高情商。不过，到底过程有没有演义中描写的那么惊险，到底有没有斩杀曹操名将 50 余名，杀得七进七出，不得而知。反正结果是，赵云救出了刘备的废物儿子。

这时刘备立马戏精上身，哭着骂："为了你这小瘪犊子，差点牺牲我一个好干部！"

赵云心眼实诚，被刘备忽悠得一愣一愣，直接给跪了，情真意切地表示，从此愿为刘备肝脑涂地，在所不辞。

这戏演得就过了，连吃瓜群众都为赵云着急，大家纷纷弹幕，说云仔，刘备摔孩子，那是在收买人心。

看不下去的还有个江东老实人，叫鲁肃，跑过来劝刘备："大哥别演了行不，有演戏这精力咱跟他打呗！"

刘备说打个头啊打！老子拿什么打！我就这样怼上去，是和曹操打，

还是让曹操打！江东哪个精神病院门没关，把你放出来了？

鲁肃也不急，非常淡定地告诉刘备："我有小权权，专捶他胸口！"

刘备知道小权权在江东很有实力，恰逢走投无路之际，欣然同意。这是刘备最后一次求收养，孙刘二人的结合究竟会爆发出怎样的威力？且听下回再叙。

插个笑话，没事怡个情：

话说刘备携民渡江的事迹传到曹操军中，连曹军都为之感动。

曹操为了拆穿敌人的阴谋，稳定自己的军心，特召开辟谣大会，特别强调："那狗贼作秀而已，老曹我爱民如子才是真心实意！"

散会后，许攸见曹操走远，很不屑地对同僚说："阿瞒什么熊样我还不知道，换成他，顶多带着别人媳妇跑路。"

不久，曹操就找个借口把许攸杀了。

想必大家也看出来了，刘备这个人，其实心机不得了，手段更高超。带着一帮老铁颠沛流离，硬是从地摊小贩拼成了一代帝王，纵观历史长河，恐怕也只有刘邦和朱元璋可比了吧。

然而罗先生不知出于什么原因，一心想把他塑造成一个傻白甜的厚道仁君，结果事与愿违，最后活脱脱把他写成了一个伪君子的样板。

原因很简单：这样的仁君，根本不存在的。换言之，这样的人，适合做个夫君，根本做不了人君。所以罗先生写来写去，还是给写走了样。

当然，从纯文学的角度上讲，《三国演义》可读性很强，说是文化瑰宝，也毫不夸张。

但如果大家想看相对真实的历史，笔者建议大家去看陈寿的《三国志》，那个真实度还是很高的。

如果大家还不满意，还想读既有趣又真实的历史，那怎么办呢？

听笔者侃史啊！

篇五

孙猛虎江东奠霸基，碧眼儿坐看风云起

> 可惜孙坚虽然一往情深，吴家人却不给面子。不为别的，就因为他是道上混的，哪个正经人家愿意把闺女嫁给社会混子呢？最后还是吴姑娘深明大义："不要因为爱护我，连累大家遭报复！"于是嫁给孙坚。
> 《三国志》记载，孙坚长得一表人才。
> ……

孙坚他爹，到底是干啥的

坊间有种说法"虎父无犬子"，又说"老子英雄儿好汉，老子狗熊儿怂蛋"什么的，貌似与基因和家庭教育有关，但也不尽然，不信你看刘禅。

咱们今天要说的这个虎爸，叫孙坚，人称"江东泰戈尔（Tigon）"，一不小心生了俩厉害孩子，有多厉害呢？权策全占了。

据这家人说，他们是大军事家孙武的后裔，《三国志》也表示，孙家世代在东吴为官，祖坟更是时常冒青烟，孙坚出生时，孙妈妈梦见满地流肥肠。这可是要搞大事的征兆。

那什么，这事大家听听就好，都是"拼爹"给闹的。

其实拼爹这种不良风气自古有之，那些皇侯将相都爱和古时大能攀关系，比如传说华胥踩了雷泽的脚印生下伏羲，你看看，这是多么不厚道的碰瓷。

孙权后来当了皇帝，当然也要抬高自己的身价，免不了在史书上把祖宗一通吹嘘。

相对于此，笔者更相信另一种说法，据《幽明录》记载——孙坚爸爸孙钟以种瓜为生。

然而，堂堂吴大帝的爷爷怎么可以是村头卖瓜的呢？所以这段不光彩的往事在史书中自然是：这段掐了别播！

孙坚自小跟着父母在瓜田里摸爬滚打，是远近闻名的种瓜小能手，同

篇五
孙猛虎江东奠霸基，碧眼儿坐看风云起

时也练就了舞枪弄棒的好身手。

因为身手好，孙坚非常喜欢打抱不平，谁霸凌同学了，谁踹寡妇门了，他都会站出来吼一嗓子，所以村里村外，名声不赖。

然而，光有名声，并没啥用。

在东汉末年腐成渣的社会制度下，西瓜太郎孙坚与袁大绍爷一比，简直是"狗肉上不了席"，弄不好一辈子都无法出人头地。

当然，如果你有特殊的能力和机遇，也可以。比如，刘邦时期的籍孺，刘彻时期的韩嫣。

孙坚当然没有这样的特殊能力，但他懂得抓住机遇，机遇就是——中二病晚期。

孙坚的机会的确来自一次中二病发作。

这日，日落西山红霞飞，孙坚乘船把岸归，碰到海盗在分赃，抄起家伙就要上。

不过，孙坚上岸后，没有直接往上冲，而是站在岸边武武玄玄，手一会儿指西，一会儿指东，就像在遣将调兵。

海盗当时有点蒙，这是啥情况啊，这家伙好像有病啊！

常言道：软的怕横的，横的怕不要命的，不要命的怕有病的。碰上有病的，你打他怕被讹，他弄死你可能不负刑责，最好的办法就是能躲就躲。

海盗看到孙坚这样的中二病患者，一时拎不清，不知道他是在发病，还是在喊救兵，心说无论哪种情况都不值得赌：风紧，扯呼！

孙坚一看海盗要跑，追上去就是一刀，把一个小头目放倒，因此获得见义勇为嘉奖，特招为基层干部。

既然有了正经工作，下一步是不是应该娶个正经姑娘？孙坚也是这样想的。

他的意中人吴姑娘是当地知名才女，蕙质兰心，冰清玉洁，贤良淑

德……还有个不太重要的优点——柳叶弯眉樱桃嘴，肤白貌美大长腿。

可惜孙坚虽然一往情深，吴家人却不给面子。不为别的，就因为他是道上混的，哪个正经人家愿意把闺女嫁给社会混子呢？最后还是吴姑娘深明大义："不要因为爱护我，连累大家遭报复！"于是嫁给孙坚。

《三国志》记载，孙坚长得一表人才。

我孙坚要死，你们谁能拦我

接下来的几年里，孙坚不是在当副县长，就是在当副县长的路上。

别看孙坚是个武夫，但并不是大老粗，上下关系处理的很好，又能让老百姓喜欢，当时在江浙沪一带，孙坚很吃得开。小伙子都把孙坚当偶像，大姑娘争做孙坚的粉丝团。

孙坚趁机组建自己的草根班底，拥有了黄盖、程普、韩当、祖茂四大打手，这些人就是东吴创业初期的中坚力量。

黄巾大起义，给了孙坚迅速崛起的契机，孙坚因功受赏，得以入宫觐见。

孙坚作战悍猛，常置生死于度外，这也是他后来意外殒命的一个重要原因。

比如说有一次，他和黄巾军作战，乘胜追敌，不管不顾，单骑深入，结果受了伏击，受伤堕马，卧于草中动弹不得。当时，弟兄们不在身边，没人知道他的情况。亏得他那匹懂事的战马跑回军营，咆哮嘶鸣。弟兄们随马找

篇五
孙猛虎江东奠霸基，碧眼儿坐看风云起

去，才在草中发现了孙坚，将其救回。这一次没死，只能说孙坚运气好。

然而孙坚回营养了十几天伤，稍微好转，又冲上了战场。

汝颍黄巾军，处于困境，无路可走，固守宛城。朝廷派孙坚领兵进攻，他独当一面，亲冒矢石，率先登上城墙，奋力砍杀，兄弟们眼见此景，大受鼓舞，纷纷紧随其后，于是，固若金汤的宛城被攻下。朱儁是个好领导，他将孙坚的事迹全部呈报给朝廷，朝廷任命孙坚为别部司马。

边章、韩遂在凉州制造骚乱，董卓奉命前去讨伐，未见成效，朝廷又派司空张温代理车骑将军，去征讨乱兵。张温奏请朝廷，让孙坚同去。

张温率部驻扎长安，用诏书召见董卓，董卓拖延时间，过了好半天才来。张温责备他，他还顶嘴，且出言不逊。孙坚当时正好在座，看不过眼了，便走到张温身边，附耳低语："董卓有错不认反而出言狂妄，应当以不听军令之罪杀掉他。"

张温表示："董卓这片地界很吃得开，咱们讨伐叛军还得依靠他，此言不妥。"

孙坚又劝："您亲领皇家军队，威震天下，还依赖什么董卓？看董卓今天的谈话，显然不把您放在眼里，轻上无礼，是第一条罪状。边章、韩遂胡作非为已一年多，应当及时进讨，而董卓反说不可，沮丧军心，疑惑将士，是第二条罪状。董卓接受重任而毫无战功，召其前来又滞缓不前，反倒狂妄自傲，是第三条罪状。古代名将，带兵临阵，无不果断地斩处违犯军纪者，来显扬威严，故此有了穰苴斩庄贾、魏绛杀杨干的事。现在您对董卓留情，不立即斩杀，如此必然使军威受到损亏！"

张温仍不同意。至此，孙坚与董卓结下了梁子。

边章、韩遂之乱平复后，孙坚因功受赏，得以入宫觐见。

当时把持朝政的是大名鼎鼎的十常侍，十常侍中的二号人物赵忠一见孙坚就觉得好喜欢。

孙坚一转眼又攀上了当红太监做靠山，职位不断升迁，坐上了长沙太守、乌程侯。

董卓作乱中，孙坚因为和董卓有梁子，公正无私，坚持正义，坚决反董。

战斗中，孙坚横刀跃马，奋勇砍杀，劈死华雄，干跑吕布，大家都说：这小子真虎！

这时的孙坚手握传国玉玺，身后站着无数和他差不多虎的兄弟，故事如果就这样发展下去，那么三国也许会是另一番格局。

然而，意外发生了……

公元191年，为了抢地盘，袁术命孙坚去荆州火拼刘表。刘表派黄祖在樊城、邓县之间迎战。孙坚击败黄祖，乘胜追击，渡过汉水，包围襄阳。刘表闭门不战，派黄祖乘夜出城调集兵士。黄祖带兵归来，孙坚复与大战。黄祖败走，逃到岘山之中。孙坚又是一马当先，单骑深入，结果误入埋伏圈，这一次他没有那么幸运，一代将星化作流星……

少年当有少年狂，哥是江东小霸王

悲情的是，孙坚的死，正是孙策的正确打开方式。

孙策，"美姿颜，好笑语"，粉丝"乐为致死"，帅到很多人愿意为他死。

孙策十几岁时就在寿春结交名士，名声渐渐传播开了，庐江天才少年周瑜慕孙策之名，专程到寿春拜访。周、孙两人同岁，且均少年有志，杰出通达。因而于寿春一见如故，便推诚相待。

十八岁，为父亲守孝两年的孙策正式出道，孙策想要东山再起，首先需要左膀右臂，这时孙坚的旧部都在袁术手里，他也不能依靠和他一样只有十八岁的周瑜。

孙策把导航锁定在江都，这里有一个高深莫测的人物，叫张纮，十分高冷，当年叱咤风云的何进、朱儁都吃过他的闭门羹。

史书记载，孙策死皮赖脸找张纮好几次，非要和人家研究天下大势。张纮起初根本不愿搭理这个乳臭未干的半大小子，逼得孙策只好道出自己的小心思。

第一步，我找袁术要回亡父的旧部

第二步，联合舅舅吴景，在丹阳拉起一支精兵

第三步，血洗荆州，为父报仇，做一方诸侯

张纮当场表示："策公子年少有为，老夫定当誓死相随！"

与张纮合计好套路，孙策马上去找袁术。谈判中，孙策坐地起价，袁术就地还钱。

谈判的结果是，玉玺归袁术，孙策也归袁术。

表面看，孙策貌似人财两空，其实他大有收获。他得到了父亲留下的一千多旧部，包括黄盖、韩当、程普。

孙策归附后，袁术马上就让他去火拼庐江太守陆康，并许诺把他扶上太守的位置。

孙策自然晓得袁术的花花心肠，但他无所谓，他不怕事，因为他是超级小霸王。

要说这个陆康与孙策也算是旧相识。孙策以前在庐江时曾去拜访过陆康，陆康看不起孙策，只让自己的主簿接待，自己不出来相见，孙策早就对陆康心有不满。

孙策围攻庐江两年，破城而入。陆家百余口死了一半。幸亏他有没赶尽杀绝，否则谁来火烧连营。

周瑜，跟哥一起把江南平了吧

孙策在庐江献出了他一生中最宝贵的两年，没想到袁术再次食言，让自己的亲信刘勋做了庐江太守，连个合理的解释都没有。

孙策借口代袁术平定江东之际，摆脱了袁术的控制。

孙策叫上周瑜，开始呼风唤雨！

一千人马渡江，四年一统江南！

周瑜，"世间豪杰英雄士、江左风流美丈夫"，"性度恢廓"，"实奇才也！"

周瑜相貌俊美，很懂音律，即使饮酒微醺，弹奏者只要有些微的差错，他都能觉察到，并会立即扭头去看那个出错者。由于周瑜相貌英俊，酒酣后更是别有一番风姿。弹奏者多为女子，为了博得他多看一眼，往往故意将曲谱弹错。自魏晋时代之后，"周郎顾曲"常作为典故被各大文豪所引用，常常出现在各类诗歌、戏曲等文学作品中。唐人李端有《听筝》诗赞道："鸣筝金粟柱，素手玉房前。欲得周郎顾，时时误拂弦。"

周瑜出身士族，自幼刻苦读书，尤喜兵法。他生逢乱世，时局不靖，烽火连延，战端四起，于是总想廓清天下。

当年孙坚兵讨董卓时，将家小移居舒县。孙策和周瑜同岁，建立了非常好的关系。周瑜让出路南的大宅院供孙家居住，且与孙策登堂拜母，两家有无通共。周瑜和孙策在此广交江南名士，很有声誉。

二人协同作战，先克横江、当利，接着挥师渡江，进攻秣陵，打败了笮融、薛礼，转而攻占湖孰、江乘，进入曲阿，进而逼走刘繇。孙策攻打荆州时，拜周瑜为中护军，兼任江夏太守，随军征讨。

孙策和周瑜在江南搞事，很有点摧枯拉朽的意思。江南偌大片地盘，根本没人够他哥俩看的。

笔者觉得，孙策真的很了不起，在我们很多人还没有真正自立的年纪，他就已经成了封疆大吏，而且这份基业，几乎全是他带着兄弟们一刀一枪拼出来的。

讲一个战斗故事：

孙策每次干仗都玩了命似的往前上，一次没提防，被士兵甲一箭射中腿中央，只好让小弟抬着回去休养。对手以为他阵亡，瞬间士气高涨："孙大帅哥（孙郎）被射死喽！孙大帅哥被射死喽！"

解释一下：郎是三国时代美男子的专称，比如孙策称孙郎，周瑜称周郎，要是张飞，绝对没人称他张郎。

孙策实在帅得掉渣，连敌人都忍不住赞美他。

孙策一看敌人眼神不咋好使，索性来个诈死，然后让数百弟兄假装溃败，把部分敌人引到圈套里来，圈灭以后再袭杀，并让弟兄们齐声叫号："孙大帅哥厉不厉害？孙大帅哥厉不厉害？"

喊声震天，地动山摇，没吓死的敌兵顾不上吃夜宵，连夜奔逃。

小霸王孙策，自带一股冲天杀气，不拼祖宗、不蹭名声、不玩演技，他的崛起，更像是三国里的一股清流！

孙策之死，可能没有那么简单

在这个崛起过程中，孙策还顺手办成了两件大事。

第一是与袁术决裂，表面原因是袁术得到玉玺飘得飞起，悍然称帝。

就像前面所讲，在这个圈子里，虽然大家都心照不宣地做着土皇帝，都把汉献帝当成无足轻重的人，但谁要把当皇帝这事儿落地实施，那肯定要被圈踢。

袁术称帝可算给了孙策口实。被袁术收养好说不好听，无故翻脸又会背上忘恩负义的骂名。终于逮到机会脱离袁术的控制，孙策摇身一变，就从失足人士华丽洗白成身在袁营心在汉的良家子。

二十三岁，孙策受封吴侯，正式成为一方诸侯。

第二件事让曹操遗憾终生！就是把大小乔收入江东。

某人曾说：男人可以为哥们两肋插刀，也可以为美女插哥们两刀。

孙策虽然长得妖孽，但他不是兔儿爷，他也绝对好色，他却抵住了揽二乔入怀的诱惑，和周瑜平分美色，这是多么令人敬佩的高风亮节！

这样的事情，刘备不晓得干不干得出来，但曹操绝对干不出来。

这个时候的三国，刘备还在四处奔波，曹操打得焦头烂额，孙策虽然称不上一哥，但他绝对是最开心的一个——地盘够大，兄弟够多，老婆够婀娜……

然而，可能是孙策实在太帅，受到了死神千金的青睐，在事业高速发展的上升期，年仅二十五岁的孙策，遭遇了死神的收割。

史料记载，孙策遇刺身亡，杀人凶手是前吴郡太守许贡包养的三名门客。许贡因为向朝廷打小报告说孙策坏话，被孙策绞杀。三人于是设下埋伏，导致孙策重伤并毁容，结果孙策觉得自己丑死了，就死了。

按说这事儿有因有果，冤有头债有主，是桩铁案，但细一推敲，吓你一跳！

真相可能没有那么简单！

注意：孙策死前，袁曹大战，有迹象表明，孙策要袭击曹操老巢，曹操手下吓坏了，郭嘉很淡定地表示：这小子早晚死在小流氓手里——郭嘉凭啥断定孙策会在袭击曹操之前就挂掉？

孙策死后，他的儿孙在东吴混的那叫一个凄凉……

孙策死后二十九年，孙权称吴大帝，仅追封孙策为长沙桓王。

孙策独子孙绍，至死不过侯爵，还非世袭罔替，后被孙权夺去给了自己真孙子。

孙策独孙孙奉，因为一句谣言，就被孙皓干掉，孙策一脉断子绝孙。

友情有时比亲情来的更纯粹，孙策去世八年后，周瑜给了他最大的告慰——谈笑间樯橹灰飞烟灭。这是后话。

升堂，拜母，以后都是自己人

孙策死后，年仅十八的孙权坐镇东吴，至于孙策为什么没有把爵位传给儿子，笔者经过认真分析，最后得出结论——鬼才知道！

孙权这个人，据说一出生就与众不同。

干宝在《搜神记》中，以及裴松之为《三国志》做注时都曾提到：孙权的母亲吴夫人怀孙权时，梦到太阳入怀，感到很惊异，就告诉夫君孙坚："从前我怀孙策的时候，曾梦到月亮入怀，现今又梦见太阳入怀，这是什么缘故呢？"

孙坚想了想，说："太阳与月亮乃是阴阳之精华，是极其贵重的象征，这表明我们的儿子将来一定会创立大业的！"

孙权的长相也不同于常人。据《江表传》记载，孙权出生时目有精光，方颐大口，形貌奇伟。裴注《献帝春秋》记载孙权为"紫髯将军，长上短下，便马善射"。《三国演义》中描写孙权"碧眼紫髯，堂堂一表"，诸葛亮暗叹"相貌非凡"，故又称作"碧眼儿"。碧眼，就是像白种人混血儿的那种眼睛；紫髯就是紫黄色的络腮胡子；长上短下，就是说孙权上半身长，下半身短，站起来矮，坐下去高，一般认为，需要人伺候的人，长相大多都是这样，故被认为是贵相。

曾经到过江东的汉朝使者刘琬见到孙权以后，大夸他长相不平凡："我看孙氏兄弟虽然各自才华出众，深明事理，但都富贵不终，寿命不长。只有老二孙权，体态魁伟，相貌奇特，骨架不凡，有大贵的表相，寿命又是最长的。"

当然，这些史料中所记述的大贵之相，未必足够真实。但从这些记述中，我们倒可以推断出一些信息来，即孙权的体貌特征：方脸大口，典型的国字脸，有很浓密的络腮胡子，目光炯炯有神，不怒自威；身材魁伟，骨骼强健，充满朝气活力，非常阳刚有气概。

随着孙坚的战死和孙策的遇刺，历史把年仅18岁的孙权推到了群雄逐鹿的风口浪尖之上。他一手接下父兄开创的基业，并把它发扬光大。孙权的成功，除了其出色的个人素质和政治才能以外，他还有不同于曹操、刘备的其他魅力，就是他的用人。

曹操用人，就像现在公司制，老板给员工一个平台，量才而用，员工各尽所能，在实现个人价值的同时，为公司做出贡献。曹操推行的"唯才是举"，很像现代企业的公开招聘。

刘备用人，就像天地会、红花会那样的帮会。动不动就食同器，寝同床，动不动就哥哥弟弟兄弟情义，动不动就哭的撕心裂肺，很像江湖帮会的维系方式。

孙权用人，就像家庭。你看孙权幕府里比较重量级的人物，差不多都有过升堂拜母：孙权对周瑜以兄视之，升堂拜母；周瑜和鲁肃也升堂拜母，鲁肃和吕蒙又升堂拜母……可能有人不太明白什么是升堂拜母，就是允许你去内室拜见自己的母亲。这在古代是非常庄重的大礼，必须是亲属，或者情同亲属才有资格行此大礼。简单点说，"拜过母亲以后，咱们就是一家人了"。

孙权用人有两个非常显著的特点，一是人尽其用，不求全责备。

孙策还在时，曾让吕范管理财计。当时孙权年少，私下向吕范借钱索物，吕范定要禀告，不敢专断许可，当时被孙权怨恨。后来，孙权代理阳羡长，有私下开支，孙策有时进行核计审查，功曹周谷就为孙权制造假账，使他不受责问，孙权那时十分满意他。但等到孙权开始统管国事后，认为吕范忠诚，深为信任，周谷善于欺骗，伪造簿册文书，不再录用。吕范去世后，孙权路过吕范墓，忍不住呼喊他的字："子衡！"言毕泪流不止。

孙权用人的第二个特点是以情感人。

鲁肃出身一般，被张昭等人看不起，但周瑜把他推荐给孙权以后，孙权经过一番考察，觉得是个大才，就重用不疑。不仅如此，他给鲁肃的母亲送衣服、送被子、送蚊帐、送家里的用品，就像一个侄子对婶娘一样。

大将周泰出身寒微，又没什么背景，孙权命他坐镇濡须口（今安徽无为县北），他的副手朱然、徐盛不服他。将帅不和，这是兵家大忌，怎么办呢？演了一出戏。

有一次，孙权摆宴款待他的将领们。孙权亲自起身斟酒，斟到周泰的时候，命周泰把衣服脱了。然后指着周泰满身的伤疤，故意问这些伤是怎么来的。周泰老老实实一一作答。等周泰说完，穿好衣服，孙权早已泪流满面，拉着周泰的胳膊，哭着说："幼平，你为我们兄弟在战场上作战如同熊虎一般，从不怜惜自己的身体，受伤几十处，皮肤如同被雕刻一般，我怎么能不把你当作我的至亲骨肉，委你以兵马之重任？你是东吴的功臣，我当和你同荣共辱。"次日，孙权赐给周泰青罗伞盖，所有人都服气了。

曹操派蒋干来东吴做说客，想劝周瑜归顺。周瑜没等蒋干开口，直接拿一番话把蒋干的嘴堵上了。他说的什么呢？周瑜对蒋干说："男子汉大丈夫活在这世界上，如果遇到个好领导，外表上看是君臣，实际上是兄弟、是骨肉手足，那么就算是苏秦、张仪、陆贾、郦食其活过来，来做说客，

篇五
孙猛虎江东奠霸基，碧眼儿坐看风云起

任他说得天花乱坠，我周瑜也无动于衷。"蒋干很识趣，什么都没说，笑了。回去就劝曹操放弃招降周瑜的念头。

凌统的随从战死，内心难过得不得了。孙权用自己衣袖给凌统擦干眼泪，对他说："公绩，死的已然死了。只要有你在，还怕没有人吗？"凌统受了重伤，孙权于是留他在船上，帮他更衣。凌统英年早逝后留下2个年幼的儿子。孙权收养二人在宫中，疼爱得跟自己子女一样，凡有客人来就介绍道："这是我的虎子呀。"

大农令刘基姿貌美好，深得孙权喜爱。一次，孙权在船上举行酒宴，正巧碰到雷雨。他用御盖覆盖自己，同时又不忘遮护刘基。

潘濬原来跟着刘备干，协助关羽守荆州。关羽兵败后，荆州的那些蜀汉官吏都降了孙权，潘濬说我生病了，不去见孙权。孙权亲自登门拜访，潘濬把头埋在床上痛哭。孙权以观丁父、彭仲爽等俘虏出身的楚地先贤为例安慰潘濬。孙权一边和声细语地说，潘濬一边泪流满面地哭，孙权吩咐随从，来，给潘将军拿块毛巾，我要给他擦眼泪。这下子潘濬扛不住了，连忙起身下床拜见，归顺了孙权。

可以看出，孙权在用人方面，最拿手的就是以情感人。诚然，这里也有作秀的成分，比如周泰这一段，就有表演的成分在里面，是做给大家看的，但里面也确有真情实感。将真情实感表演出来，把人心收拾得服服帖帖，这正是他的高明之处。但是，这只是孙权的早期、前期。

孙权这人设，都是自己败光的

据说孙权也继承了孙坚的优良基因——勇猛过人。

北宋大文学家苏轼有一阕非常激昂的词——《江城子·密州出猎》，全文如下：

老夫聊发少年狂，左牵黄，右擎苍。锦帽貂裘，千骑卷平冈。为报倾城随太守，亲射虎，看孙郎。

酒酣胸胆尚开张，鬓微霜，又何妨，持节云中，何日遣冯唐？会挽雕弓如满月，西北望，射天狼。

这里的孙郎，指的就是孙权。孙权射虎事源于《三国志·吴书二》：

建安二十三年（公元 218 年），孙权亲自骑马至庱亭射虎，老虎抓伤了马，孙权把双戟掷向老虎，老虎受伤试图逃走，孙权的侍从张世趁机用戈再击。最终老虎被抓获了。重臣张昭曾劝谏道："为人君者，应该能驾驭英雄，驱使群贤，岂能驰逐于原野，骁勇于猛兽？一旦有个好歹，不怕被天下耻笑？"孙权道歉道："年少虑事不远，此事有愧于您。"但始终不能停止，于是做射虎车，车中不遮盖，自己在里面射虎。当时有脱群的野兽扑向他的车，孙权每次都以亲手搏杀为乐。张昭多次规劝，孙权常常笑而不答。

也就是说，孙权打猎的时候发生了意外，摔下马用双戟与虎搏斗，后来在侍卫张世的帮助下杀死了老虎，史载孙权武艺不错，尤其善于射箭，于是在老百姓众口相传的过程中，逐渐演变成了射虎。

我们再来看看民间关于"孙权射虎"的传说：

传说，有一日，孙权一时兴起，随即唤上侍从张世一行出城打猎。

行至栖霞山脚下，正勒马观察，忽听到附近传来凄哭声。他随即驱马循声寻找，见是一位老汉坐在路旁掩面痛哭。孙权心中纳闷，连忙上前询问。原来这老汉是以砍柴为生的樵夫，早晨，他与小孙子进山砍柴，冷不防从树林中蹿出一只斑斓猛虎，一口将他小孙子叼去了。

孙权一听，紫髯倒竖，碧眼圆睁，怒喝一声："大胆孽畜，追！"拍马直奔山中。孙权的坐骑名为乌龙驹，是匹日行千里的好马。孙权发现猛虎后紧追不舍，那虎见脱身不得，一个急步回身，张开血盆大口，猛地朝乌龙驹扑来。乌龙驹受惊，险些将孙权掀下马来。

孙权大怒，狠狠将双戟投向猛虎，未中，又急取弓箭，射中虎的前胸。猛虎受伤，咆哮如雷，纵身扑向孙权。正在危急关头，身后飞来一柄长戈，正击中老虎的天灵盖，猛虎从半空中摔落下来，一命呜呼。原来，这一戈是孙权的贴身侍从张世击出的。

孙权见虎被击毙，惊愕之余，不由一阵狂笑，问道："此是何处？"有人答道：此乃"虡亭（吕城的古地名）也！"周围百姓闻讯赶来，见孙权杀死了猛虎，惊喜过望。从此，孙权骑马射虎的事，一传十，十传百地在民间传开了。为了纪念孙权为民除害的功绩，人们把老虎倒毙的地方，叫作"虎落里"。

当然，这只是个故事。

至于孙权的人设，大概是三国三雄里最不受群众待见的一个。

他这个人——约架战五渣！

只要四大都督（周瑜、鲁肃、吕蒙、陆逊）不在，打仗就没赢过！华丽丽地成全了张辽张八百的威名。

张辽，曾带着800步兵，于10万吴军中大杀四方，杀得吴军鬼哭狼嚎，杀得敌将胆战心惊，杀得一方枭雄狼狈逃窜。这样的骁勇与豪气，即便与长坂坡赵子龙相比，也不遑多让。

这就是合肥之战。

合肥之战之前，张辽有名声但不显赫，甚至在他30岁之前，几乎可以用颠沛流离来形容。他最初跟随丁原，丁原被杀；跟随何进，何进遇刺；跟随董卓，董卓遭诛；跟随吕布，吕布败亡。按迷信的说法，张辽这个人命太硬，跟谁在一起就克死谁。终于在29岁那年，他遇到了一个命比他还硬的人——曹操，这才算安顿下来，也由此进入了更辉煌的军旅生涯。

时间来到公元215年，46岁的张辽迎来了人生中最高光的时刻。

这一年，孙权趁曹操用兵汉中之际，亲率10万大军攻向合肥。情报指出，合肥只有七千守军，曹军主力远在关中，驰援不及，从各方面来说，这场战役东吴占据绝对优势。

张辽急忙召集李典、乐进，打开曹操出征前派人送来的锦囊，只见上面写着：如果孙权到来，张、李两位将军出城迎战，乐将军守城；护军薛悌不要出战。

兵力如此悬殊的情况下，还要出去送死？诸将一头的雾水。

但军令如山，理解的要执行，不理解的也要执行。张辽和李典原本不和，大敌当前也不计前嫌，三人合议，由张辽挑选800精锐士兵组成敢死队，趁拂晓时分向孙权大军发起进攻。

孙权恐怕压根没想到区区七千守军居然敢主动出战，被杀了个措手不及。张辽带着800死士往来冲突，杀得吴军人仰马翻，惊得孙权逃到了小山坡上。

张辽在山坡下叫号："孙权，是个男人你就下来！"

孙权在山坡上不怂："男子汉大丈夫，说不下去就不下去。"

篇五
孙猛虎江东奠霸基，碧眼儿坐看风云起

等到天色大亮，局势稍稳，孙权才发现来袭营的不过区区数百人，于是又有了胆气，组织军队准备围歼张辽。

张辽带着数十人奋力杀出重围后，回头一看，其余陷在重围中的战士们高喊着："张将军难道要丢下我们不管了吗？"张辽虎躯一震，调转马头又冲杀进去，将险境之中的兄弟又救了出来。东吴上到将领，下到士兵，都被"张辽敢死队"的骁勇震撼了，气势上俨然已经低了一头。

这一仗，从凌晨直厮杀到正午时分，张辽收兵安然回城，东吴名将陈武折于沙场。

两军相持十余天，面对张辽统领下固若金汤的合肥城，束手无策，只得黯然撤军，张辽掩兵追杀。孙权逃到逍遥津，发现撤退路上的桥已被张辽命人毁掉，无路可走，多亏甘宁、吕蒙、蒋钦拼命死战，才护得孙权一时周全。近监谷利情急之下，叫孙权抓着马鞍、松开缰绳，对着马屁股就是狠狠一鞭子，痛得战马大跃而起，孙权骑着马飞跃断桥，逃出生天。凌统则与甘宁等继续阻挡张辽，左右人马皆被杀，自己也身受创伤。

合肥之战让孙权九死一生，心有余悸，纵使多年以后，张辽年老多病，孙权还是说："张辽虽病，不可当也，慎之！"

此役过后，张辽成了东吴人心中非常恐怖的存在，就连寻常百姓亦如是，于是在他们小孩苦闹的时候，就说"张辽来了"，小孩一听到张辽的名字，就吓得不敢再哭了。这就是著名的典故"张辽止啼"。

另外，孙权这个人——亲情碎成渣！

孙策的事咱们暂且放下，单就一个"嫁妹"事件，足以成为吴大帝一生的污点。

孙小妹的一生是悲惨的，二八年华被迫嫁给一个糟老头子，绝世芳华却守了一辈子活寡，她悲惨的一生，无疑是哥哥亲手制造的政治牺牲。

当然，孙权也不是个坐享其成、庸碌无能的二世祖。

正如孙策所说：拓展业务你不如我，内部管理我不如你。

东吴在孙权、周瑜等人的苦心经营之下，日益壮大，渐渐有了与曹操二分天下之势。曹操有心抢二姬，孙权一心护家底，血战在即……

在赤壁开战之前，抽出点时间，笔者送给大家一句名言：做人不要太骄傲，骄傲早晚会跌倒！

我们稍微留心就会发现，三国三位大佬，都有自己的保镖。曹操有典韦、许褚；刘备有赵云、陈到。武力值爆满，忠诚心还泛滥，不管走到哪，绝对不会被人扔鞋子什么的。

孙坚、孙策这爷俩，无论军事能力还是单兵作战能力，丝毫不逊色于曹刘，却都因为骄傲，在最基本的安全问题上栽了跟头。

所谓淹死会水的，打死犟嘴的，讲的就是这个道理。孙坚父子如果不骄傲，学学刘备到处认怂，三国也许就要大变天。

至于孙权，这孩子忒有心机了！十四岁就从大哥手里要来猛人周泰做保镖，一年后周泰就替他挨了山贼十二刀。

然后大哥死了，他做了大哥。

篇六

魏蜀吴三军战赤壁，周公瑾祭出美人计

那刘备和孙权的感情到底怎么样呢？

刘备孙权感情在，全靠曹操来使坏。

曹操一来，哥俩立马双剑合璧；曹操一走，好嘛，立马狗咬狗。这咬来咬去，就咬出了个"夷陵战役"，彻底划定了三国格局。

……

刘表二子相争，曹操坐收渔利

话说，刘表有两个儿子——刘琦、刘琮，是同胞兄弟。而刘表在妻子过世之后，又娶了荆州大族蔡氏，蔡氏的弟弟蔡瑁也是荆州政治上的重要人物。

刘表对小儿子刘琮十分钟爱，蔡氏又把自己的内侄女嫁给了刘琮，可以说，刘琦很不受父亲和继母的喜欢。而蔡瑁与刘表的外甥张允又整天在刘表面前说刘琦的坏话，夸奖刘琮。可想而知，刘琦的地位很不稳固。刘表死后，刘琦感到处境危险，便主动去夏口补黄祖的缺，当了江夏太守。而蔡瑁等人就拥戴刘琮继承刘表做了荆州牧，也就是在这时，曹操大军浩浩荡荡地杀向荆州地区。

刘表的大将蒯越及以韩嵩为首的豪族都劝刘琮投降曹操，想到自己的实力根本不足以抵抗曹操，又考虑到若是利用刘备打败了曹操，那么刘备也不会甘心臣服于自己的手下，于是，刘琮思来想去，还是决定向曹操投降。

再说，自建安六年（公元201年）刘备投奔刘表，驻守荆州已有八年之久。这八年之中，他拉拢了不少荆州的豪族地主。建安十二年（公元207年），经司马徽、徐庶推荐，刘备三顾茅庐，终于请出军师诸葛亮，如虎添翼般拥有了替自己安邦定策的谋臣。后来，又借着清查户口的名义，找到很多壮丁壮大自己的军队。可以说，虽然刘备在荆州的八年没有明显的建树，却在军事力量、人才招募方面，有了很大的充实。

篇六
魏蜀吴三军战赤壁，周公瑾祭出美人计

然而，刘琮并没有把自己投降的消息告诉刘备，他也怕刘备哪天强大起来威胁到自己，想借着这次机会将刘备消灭。等到刘备发觉时，曹军已压境，形势非常危急。

无奈之下，刘备只好迅速把自己的军队自樊城向江陵一带撤退，曹操知道江陵一带储存着大量的粮草武器，恐怕被刘备抢占了先机。于是，放下辎重，轻装上阵，先到了襄阳。又听说刘备已经南下，便立刻特选精锐骑兵五千人，紧急追击，一天一夜急行三百余里。

此时正是骄阳似火的夏天，行军路径又是在荒山野岭，四处找不到一滴水，将士们都有气无力，行军速度大不如以前。这对于行军是十分不利的。曹操为了追击刘备，只好利用了望梅止渴的计谋，使大军继续向前，并在当阳长坂追上了刘备。

刘备众将士因长期赶路，又背负辎重悉数，不堪重负，直接崩溃。刘备顾不得妻女，跟着诸葛亮、张飞、赵云等人，在几十名骑兵护卫下逃走，其他部众及辎重全部被曹操获得。

曹操顺利占领江陵，任命刘琮为青州刺史，封侯爵，连同当初劝降的蒯越等，封侯爵的一共有十五人；又任命了一大批荆州名士担任荆州地方官，以顺应民心。同时，还收编了荆州军七八万人，获艨冲斗舰千余只，军用物资不计其数。艨冲斗舰机动性很强，速度如飞，行动自如。可令敌舰无法靠近。曹操得此舰千余只，又加上荆州军擅长水战，便对顺江东下攻击孙权有了很大的信心。

而刘备被曹操击溃之后，沿汉水向南撤退，与关羽率领的大军会合。渡过汉水之后，又碰上了刘表的长子、江夏太守刘琦，两下会合，军队大概有两万多人，暂时退到夏口。夏口在江北，刘备感到仍然不安全，便又从夏口退到鄂城的樊口。当时刘备在当阳长坂的时候，孙权曾派鲁肃去联络他，如今，刘备到了樊口，也派了诸葛亮去见孙权，表示愿意联盟，共同对抗曹操。

谁再说投降，就跟案板一个下场！

当时，诸葛亮来到东吴，晋见孙权，分析了当下的局势，孙权为了端架子，表示对结盟不太感兴趣。

诸葛亮眼珠子一转，故意激孙权说："如今，天下一片大乱，将军在江东起兵，而玄德公（刘备）在汉水以南集结部众，想要与曹操争夺天下。但是，如今，曹操大军已压境破荆州，声威大振。四方英雄豪杰，已无用武之地。玄德公向南撤退，还望将军能够量力而行，若是将军有足够的决心和能力，可以与朝廷抗衡，那么就应该趁早跟曹操断绝了关系。但是，如果自认为还不能与曹操抗衡，还不如赶紧收起武器，向北方归降。如今，虽然将军表面上依附朝廷，但内心还是自有打算。若是如此，迟迟不下定决心，只怕大祸临头。"

"那为什么刘豫州（刘备）不向北方归降曹操？"孙权没好气地问。

诸葛亮早就知道孙权会反问，便故意正色说道："田横，是齐国的一名壮士，尚且坚守大义，而刘豫州是皇家后裔，盖世英才，对他仰慕的能人志士如流水归向大海，如果失败了，也只能是天意如此，怎么会投降于曹操呢？"

孙权当时年方二十七，血气方刚，被诸葛亮这么一说，勃然大怒："我不可能把吴国的故土拱手让人，让十万精兵受制于人。我心意已决，不必说了，我知道除了刘豫州没人再能抗衡曹操，但最近刘豫州连连挫败，怎么能担当此大任！"

诸葛亮早已明白孙权已经有了联合刘备抵抗曹操的意愿，便献上对策："刘豫州虽在当阳长坂被曹操挫败，但随后迅速集结部众，算上关羽水军，精兵万名，刘琦部属也不下万名，曹操远征，身心疲惫，代价颇大，而且不熟悉水战。虽然他已收编荆州军，但熟悉水战的荆州军却心有不服，若是将军真能派出一名猛将，率军与玄德公联合，必定可以击溃曹军。待到曹军被击溃，必定向北撤退，那么如此一来，荆州和江东的势力都将强大起来，形成三足鼎立的局势，相互牵制。"孙权听后，迅速召集部下商议此事。

而曹操料定孙权对形势抱着观望的态度，又仰仗自己的实力，便信心满怀，雄心勃勃地决定挥师东下。他以为，孙权一定会害怕自己的声威，乖乖投降。

这时，贾诩提醒曹操要保持冷静，他说："孙权可不见得一定会乖乖投降。如今，丞相平定了北方，今天又降服了汉南，声名远扬。若是此刻能够利用荆州四郡的资源，休整部队，安抚百姓，那么时机一到，江东只能不战而服。如果急于出兵的话，我们的军队恐怕……"

"恐怕个头啊！"曹操仗着自己屡次凯旋的实力，根本不相信自己会在这一局上输掉，于是，打断了贾诩的话，随手写了一封信，派人给孙权送去，信中说："近来奉天子之命，讨伐叛逆，军旗到处，刘琮降服。现在，我亲率大军八十万人，希望跟将军在吴国故地狩猎。"

孙权看了，这分明就是曹操在威胁自己，希望自己能够乖乖投诚，于是跟部下们商议如何应对。

孙权的智囊团成员们听到这个消息非常震惊，包括团长张昭在内的东吴大臣们慌作一团，纷纷建言投降曹操，以求保全自身。

张昭带头力主求和，他说："曹操是豺狼虎豹，挟持天子以征讨四方，动辄以朝廷的名义来发布命令。今天我们如果进行抗拒，就显得名不正而言不顺了。况且将军可以抵抗曹操的，只有长江天险。现在，曹操占有荆州的土地、刘表所训练的水军，包括数以千计的战船，曹操一定会使用全部船只沿长江而下，再加上步兵，水陆并进。这样，长江天险已由曹操与我们共有，而双方实力的众寡又不能相提并论。因此，依我的愚见，最好是迎接曹操，投降朝廷。"

众人纷纷表示，张大哥说的对！

但是，鲁肃却没有附和。等到孙权起身将要离开，鲁肃追出去。孙权见是鲁肃，便说："子敬，方才你一言不发，心中定是有了主意，你说吧。"

鲁肃点了点头说道："刚才大家的议论我都听到了。这样的想法会让将军您误入歧途，您看像我这样的官职，若是归降了曹操，倒是可以再谋得一官半职，但是将军您却不可以。所以，还请将军早日作出决定。"

孙权轻叹一口气说道："是啊，大家今日一谈，实在是让我大失所望。只有你的睿智思想与我一样，看来，只有你知道我的心啊！"

此时，周瑜辅佐孙权打天下，被派往柴桑驻扎，鲁肃劝孙权召回周瑜，一起商量大事。周瑜接到命令，即刻返回，并根据当前形势，对孙权说："曹操虽然名义上是汉朝的丞相，其实就是谋权篡位的奸贼，挟天子令诸侯，人人得而诛之。而将军您是盖世英雄，又是名正言顺地继承父兄基业。据守江东广大地区，拥有精兵数万，理应横行天下。再说，曹操亲自前来，是为了让我等擒住他，怎么还要投降于他呢？再说，现在北方尚未真正平定，西北军阀马超、韩遂仍然据守着关西，那也是曹操的后患。此时，他却执意南下，定是仗着自己打了几次胜仗，高兴地忘了形。曹军向来善于马战而弱于水战。如今，竟然舍弃马匹，改用船舰，妄想跟吴越士兵在江河针锋相对，这不是自寻死路吗？

"而如今，正是严冬，千里冰封，战马没有野草可吃。曹操又驱赶着北方部队，盲目地进入错综复杂的川河地带，水土不服，必将患病。从这几点来看，曹操这次不顾一切贸然前行没有胜算。请将军分我数万精兵强将，挺进夏口，一定将敌军击破，以绝后患。"

孙权听后，甚是高兴，他猛地站起身，对着大家说："曹操早就有了推翻朝廷，自己篡位的意图。此前，他顾忌袁氏、吕布、刘表和我。如今，其他英雄都已被他削除，只有我的势力还在。我与曹操必定势不两立。周瑜出战，正合我意。周公瑾真是上天赐予我的良将！"

说罢，孙权将案板砍断，坚决地说道："谁再说投降，就跟这个案板一样的下场。"当晚，周瑜又再次晋见孙权，说："大家看到曹操的书信，被他的军队吓得惊慌，不能正确地分析虚实，这也在情理之中。但其实，曹操所统率的直属部队，不到十五六万人马。如今，经过长途跋涉，早已疲惫不堪。而新编入的荆州部队，也就有七八万的人马，而且没有完全臣服。他的军心不稳，人再多也难以聚力。我只需要五万精兵，就足以攻克曹军。请将军不必担心。"孙权激动地说："知我者，公瑾也。只有你的见解与我相同。但是，五万精兵，一时之间难以集结，我已征调三万精兵，粮草、船舰、武器都已备好，你与鲁肃、程普先去，我在后方再继续集结队伍，作为你的后盾支持。"

二人达成共识，孙权随后便命周瑜、程普担任左右翼司令，鲁肃当赞军校尉（相当于参谋长），率军北上，与刘备共同抵抗曹军。

周郎巧用反间计，烈火熊熊烧赤壁

曹操得意忘形，率领水陆两军自江陵出发，沿着江河向东进军，抵达赤壁（今湖北蒲沂西北），与周瑜、刘备联合军队相遇。果然不出周瑜所料，曹军内部因长途跋涉，水土不服，而后出现了非常严重的疫情，刚刚与联军见面，就打了个败仗。无奈之下，退回到北岸乌林，与联军隔江对峙。

曹操为了让北方的士兵能够在船上行动更加方便，防止将士们晕船，便采纳了谋士的建议，把大船用铁链捆在一起，这样就平稳多了。北方将士们纷纷感谢曹丞相的体恤之情，曹操见将士们心怀感激，更是对打下东吴有了信心。孙刘联军见曹操把大船都捆在一起，便想出了诈降和火攻的连环计。

建安十三年（公元208年）冬季，孙刘联军与曹军在赤壁展开了激烈的大决战。决战前夕，曹操意外收到了孙权前锋大将黄盖的一封密信，信中说到黄盖在孙权麾下受尽了排挤，尤其是周瑜和鲁肃的欺负，特意准备投奔曹营，还约定了时间。

曹操正以为如有神助，敌军大将投降，如虎添翼。他想也没想就信以为真，还命人去迎接黄盖。

这天，黄盖率十艘艨冲斗舰，直奔北岸曹营。这船上装满了芦苇秆柴，灌上油脂，外面还围起布幔，插上旗帜，又系了一些小船在船尾，以备安全撤离之用。就这样，每只船都扬起帆，快速向北岸驶去。曹营官兵都以为黄盖是来投降的，也没多提防，就站在岸边观看热闹。不一会儿，黄盖的船队就靠近了北岸边。这时，黄盖命人点燃了柴火，确保每只船都被点燃了之后解开了备用的小船，带着将士们安全地撤离了。而火被风吹得越来越大，十艘船像是离弦的箭一样冲向北岸，直冲到曹操舰群当中。瞬时间，曹营的船队都燃起了大火，不一会儿就蔓延到了岸上的营寨。一时之间，火光四起，烈焰冲天，曹营的士兵、马匹有的被烧死，有的坠入长江溺死。曹营之中哭喊声惨烈，死伤无数。

周瑜知道了江北的情况，立刻擂动战鼓，亲自率兵随后赶到，战鼓雷鸣，震彻天际，曹军顿时崩溃了。曹操在硝烟弥漫中只好带着残余的部队从小道向西逃走。

此时，天边刮起了狂风，原本沿途道路就泥泞不堪，队伍几乎不能前行。曹操只好命令老弱病残的士兵去背草铺路。骑兵部队才勉强通过，而那些背草铺路的老弱病残士兵，被大队人马践踏之后，倒在泥土中，死亡不计其数。刘备、周瑜水陆并进，在后面追击，一口气追到南郡（今湖北江陵）。

曹军大败之后，军营中面临两大难题，一个是粮草短缺，一个是瘟疫横行，人马死亡过半，曹操害怕打了败仗的消息传到许都，唯恐朝廷发生变故，一刻不敢在荆州多停留，便留下了大将曹仁和徐晃守在江陵，乐进守着襄阳，自己返回许都。

周瑜耗时一年多的时间终于将江陵攻了下来，迫使曹军退守襄樊。而与此同时，刘备将少数兵力用于协助周瑜攻打江陵，其他主力部队则南下攻占荆州长江以南的四个郡，壮大了自己的队伍。此时，三国鼎立之势已初具规模。

曹操用人礼贤下士，虚心接受意见，气度恢宏。尤其是在张绣归降时，他握手言和的气度实属不凡。而正是他这样的用人心态，使他身边常年围绕着一些能人志士，帮助他看清局势，勇往直前。

然而，曹操的迅速膨胀使得他一时脑热，权力的强大让他糊涂，胜利冲昏了他的头脑，他已经忘了兵不厌诈，忘了自己与对方的矛盾冲突究竟是什么，他也忘了自己凭什么能够让对方投降。他以为，对方一句投降就是认真的。这才导致他的失败。

我不说，你可能永远不知道的谎言

"赤壁之战"是三国经典战役，但不明真相的广大群众看到的却是抗曹神剧，诸葛武侯因此被捧到了天上去。

咱先说说舌战群儒。

演义中说，诸葛亮渡江到东吴，东吴主降派对诸葛亮七个不忿八个不服，大家说一起上，一人一口唾沫淹死他。

诸葛亮作为历史上最著名的喷子，怎么会惧怕打口水仗，对着那些老人家毒舌连卷，噼里啪啦，噼里啪啦，骂人专揭短，喷人专喷脸。江南的老人家们因为听不太懂南阳话，结果吵架吵输了。主战派获得了第一阶段的胜利。

但真实情况是——这段是罗贯中拍着胸脯编的。

舌战群儒之后，就是智激周瑜。

大概内容是，诸葛亮为了栽赃曹操，发挥语文特长，改写曹植《铜雀台赋》，非说老曹出兵是为了抢周瑜媳妇。结果周瑜轻松中计，发誓与曹操势不两立。

此桥段大家看看就好，老罗这样是非颠倒，完全是为了突出诸葛亮的厉害，硬把周瑜拉上当垫背的。

历史上的周瑜是个什么样的存在？

无论外表还是内在品质，周瑜都是十分出众的人物，有帅掉渣的人格魅力。他雄烈过人，才气横溢，而且为人豁达、坦诚忠义。演义中说周瑜小肚鸡肠，妒忌心强，被气得见了阎王，看得吃瓜群众挺解气，其实纯属偶像剧。

罗先生胡扯第三季——诸葛献火攻之计。

然而，《三国志》很打脸地表示——瑜部将黄盖曰："今寇众我寡，难与持久。然观操军船舰，首尾相接，可烧而走也。"

事实摆在眼前，提出火烧赤壁的是黄盖，而周瑜是拍板的统帅，诸葛亮只是一个使臣一般的存在，火烧赤壁，压根不是他掌勺的菜。黄盖上哪说理去？

至于草船借箭，这个就有趣了，堪称赤壁经典小片段。不但把诸葛亮表现得神人一般，还把周瑜彻底描画成了嫉贤妒能的混蛋。

但真相是——其实这只是一场意外。

当年，孙权与曹操大战濡须。孙权屡次约架，曹操拒不应答。孙权亲自乘船去曹军水寨探查，曹操下令万箭齐发，把孙权小船给射偏了。于是孙权急忙下令掉头,使船身两面受箭,让船儿恢复平衡。

——事情就是这么个事情,情况就是这么个情况,白白便宜了诸葛亮。

大家注意,在火烧赤壁时,还有一个决定性的因素——东风。

那句耳熟能详的成语——万事俱备,只欠东风,就出自这里。

《三国演义》里,诸葛亮也正是由此步入神坛。

我们知道,东风属于自然现象,并非人力可以驾驭,可在老罗的安排下,诸葛亮就掌握了这种超自然能力。于是在周瑜和黄盖为了东风一筹莫展之际,诸葛亮披头散发、光着脚丫子,上演了一场神话剧,这才有了火烧赤壁。

但你一定要搞清楚,对历史而言,这只不过是小说家的一个把戏,是个骗局。事实上,因为长期混迹长江流域,黄盖和周瑜非常清楚什么时候东风起,他们只是聪明地抓住了这一战机。

赤壁之败,令曹操霸占二乔的梦想彻底歇菜,岁月经不起蹉跎,悲伤逆流成河。

五十多岁的年纪,差点一败涂地,曹操从此不敢大意,放弃了对二乔的惦记,老老实实在北方折磨他的汉献帝。

离间孙刘,曹操又碰了个软钉子

曹操赤壁之战兵败之后,狼狈地逃回了北方。此次失败可以说是曹操二十余年南征北战最狼狈的一次。曹操心里不服气,对赤壁之战的失败进行了认真的分析和总结,对孙权和刘备的联盟优势进行了优劣势分析。

而赤壁之战以后，孙权按照当初盟约说好的，将荆州借给刘备。曹操得知了此消息，心中大惊，如此一来，刘备和孙权的联盟关系就更加坚固了。而自己想要统一全国的宏伟蓝图就更加难以实现了。曹操必须对付联盟军，而只有让刘备和孙权二者关系松懈，相互抵触，自己才有机会下手。于是，他不仅在军事上开始大肆的准备，而且还开始拉拢和离间二者的关系。

建安十四年（公元209年），曹操派九江人蒋干前往江陵，企图说服周瑜投靠在自己的帐下。

这位九江人，名蒋干，字子翼，能言善辩，口若悬河，在江淮一带称得上是一个大名鼎鼎的人物。蒋干在曹操帐下做谋士已有些日子，接到曹操的命令后，布衣葛巾，以个人私事的名义前往江陵。

周瑜相当聪明，听说是蒋干来了，便知道曹操想让他当说客劝降。于是，两人一见面，周瑜就笑道："子翼兄，远道而来，不辞辛苦，来替曹操当说客？"说完，便仰天大笑。

蒋干被当场揭穿，自然免不了有些尴尬，只得辩解说："我与足下是同乡，又是同窗，听说您如今建功立业，名扬四海，特来叙旧，分别了这么久，您怎么能说我是说客呢？"

周瑜自然是猜出了蒋干的意图，便故意说道："虽然我没有那么聪明智慧，但还是能够猜得出阁下的来意。不过，既然阁下这么讲了，那么我只好是设宴赔罪了。"

周瑜设宴款待蒋干。席间，周瑜有意无意地表明自己的态度："大丈夫有所为有所不为，这一辈子，如果能遇到明主，外托君臣之义，内结骨肉之恩，言听计从，祸福与共。那么，就算是苏秦、张仪在世，也不能说动我背叛明主。请曹公不必枉费心机了。"蒋干听了这番话，整场宴席也是无话可说，宴后匆匆告辞回了曹营。

回去之后，蒋干对曹操说："周瑜器宇不凡，心存忠义，劝降是很难办到了。"曹操听后，只得另想办法。一计不成，那就再施一计。

篇六
魏蜀吴三军战赤壁，周公瑾祭出美人计

建安十六年（公元211年）冬，曹操又让阮瑀代笔，写了一封联姻信给孙权，信的大致意思是：希望把自己的侄女许配给孙策的小弟孙匡，又想让儿子曹彰娶孙贲为妻。其中，虽然指责孙权之前不守信用与刘备联手，而后又将话锋一转，指责这是刘备挑拨离间的后果，怪不得孙权。信的结尾，他还表示，如果孙权愿意，可以恢复以前的交情，继续之前的关系，甚至还可以给孙权封官加爵，担任治理江南的重任。

信里的内容很明显，就是拉拢孙权，挑拨孙权和刘备之间的联盟关系。给孙权一个甜头，必定会使他动摇，只要他靠近自己，远离刘备，那么目的就达到了。而与此同时，他还给刘备寄去了一封内容差不多的信，内容也是与刘备相见恨晚，希望与刘备坦诚相待。

他一共写了三封信，最后一封寄给诸葛亮，信中说："今奉鸡舌香五斤，以表微意。"希望送丁香给诸葛亮，表明心意，其实目的都是分化和拉拢。

显然，从历史局势上来看，曹操的这些行动并没有起到多大的作用。不过，这也至少说明了他确实用尽心思破坏孙刘的联盟。

这是对赤壁之战大败之后的心有余悸，他意识到了，如果孙刘联盟，那么对自己的威胁必然不能小觑，可见，赤壁之战给了他极大的创伤。从这之后，他的战略和战术更加成熟了。

我周瑜，根本不是那样的人

那刘备和孙权的感情到底怎么样呢？

刘备孙权感情在，全靠曹操来使坏。

曹操一来，哥俩立马双剑合璧；曹操一走，好嘛，立马狗咬狗。这咬

来咬去，就咬出了个"夷陵战役"，彻底划定了三国格局。

事情的经过是这个样子的。

赤壁打完以后，大家把荆州一瓜分，本来应该没什么事了，你好我好大家好，各守一方当土豪。

但刘备觉得自己这块地太贫瘠，不好发展 GDP，于是死乞白赖要跟孙权再借块地。

孙权原本不想借，但后来一琢磨：刘备壮大也挺好，曹操再来一块搞。于是在鲁肃的推波助澜之下，一咬牙，一跺脚：荆州南郡借给你，顺便妹妹也给你。

《三国演义》中说："周郎妙计安天下，赔了夫人又折兵。"说的就是这段。但事实上，妙计的确出自周瑜，"赔了夫人又折兵"却和周瑜没有什么关系。

周瑜这个人是很有头脑的，他早就看出刘备不是个靠谱的伙伴，如果不早些处理他，迟早养虎为患。只是当时曹操挥师南下，大敌当前，孙刘需要携手共渡难关，周瑜也就没有发难。

而当曹操退回北方以后，收拾刘备就被周瑜提上了日程。周瑜当时是这样对孙权说的："刘备这个人绝不简单，又有关羽、张飞这样的熊虎之将辅助，假以时日，必是一方枭雄。为了消除隐患，我建议，把他弄到咱们东吴来，给他盖豪宅，送美女，让他玩物丧志，这个人就不足以为虑了。"

然而，周瑜的话，孙权只听了一半，他设计的"温柔陷阱"，孙权做决策时，竟给搞成了"红粉交易"，还把自己亲妹妹给祭了出去。

刘备也不客气，孙权送上门的，他统统笑纳，只是苦了花样年华的孙小妹。

当然，春宵一刻之后，自然还有正事要办，老江湖刘皇叔焉能不知孙权、周瑜的想法，这种情况下，如何全身而退？诸葛亮给赵云的锦囊恐怕是没有的。即便有，大概也就一个字——"跑！"

篇六
魏蜀吴三军战赤壁，周公瑾祭出美人计

可是，怎么才能跑得了？这是个问题。不过对于刘皇叔来说，这个问题也不是什么问题，毕竟"跑"是他的拿手好戏。

这时的刘皇叔非常冷静，继续奏乐继续舞，温柔乡里不思蜀，只是一有工夫，总是拎着些补品，"碰巧"路过丈母娘的住所，或是摆上一桌，邀请大舅子过来撮饭。一段时间以后，孙家人得出一个一致性的结论：刘备这个人，厚道！

厚道的人，自然靠谱，有这么一个靠谱的妹夫坐镇荆州，与自己强强联合，曹操就算有百万雄师，也休想蹚过眼前这条大江。其实孙权的想法也没错，当时曹操正在许都附庸风雅挥毫泼墨，听说孙权成了刘备的大舅哥，直接把墨就真泼了。只是，孙权低估了刘备的恶劣。

刘备见火候已然差不多了，不胜唏嘘地跟孙权拉起了家常："妹夫我在哥哥您这寄居已久，手下那帮兄弟没人看管，难免偷懒，军事素养恐怕已经荒废了。如今曹操仍在北方瞪着两大眼珠子如狼似虎地盯着咱们，太吓人、太危险了！哥你要是觉得我刘备还行，刘备愿为哥哥守住荆州门户，即便粉身碎骨，万死不辞！"

孙权想想，觉得刘备说的在理，于是非常爽快地送了刘备一条豪华游轮，敲锣打鼓地为刘备饯行，周瑜拦都拦不住。

《江表传》：刘备之自京还也，权乘飞云大船，与张昭、秦松、鲁肃等十余人共追送之。

《三国演义》中说，这一次刘皇叔是发挥他的特长——哭，哭着对孙尚香说："夫人，我不是走不了，也不是想走，我是真舍不得你啊，我对你可是真爱啊！"彻底感动了孙尚香，连兄妹之情都不顾，瞒着母亲，违抗军令，一路护送刘备安全回到荆州，他才得以虎口脱险。

现在看来，刘备的脱身，似乎并不像演义中那般跌宕起伏，费尽周折。

周瑜一计不成又生一计，建议孙权征伐益州，剿灭张鲁，结援马超，据襄阳抗曹操，徐图北方。孙权深以为然，托付重任于周瑜，但在周瑜赶

回驻地江陵，准备出征时得了重病，最终卒于巴丘，时年36岁。

讣闻东吴，孙权亲自穿上素服，说道："公瑾有王佐之才，如今短命而死，叫我以后依赖谁呢？"他称帝后，仍念念不忘周瑜，曾对公卿们说："没有周公瑾，我哪能称尊称帝呢？"

《三国演义》中，为了凸显诸葛亮的智慧，对周瑜形象做了较大的改动，并虚构了较多的情节，如赤壁之战，贬说周瑜主张不明确，是战是和踌躇不定，诸葛亮借曹操修筑铜雀台之事，智激周瑜，坚定周瑜抗曹的决心；又如说周瑜气量狭小，嫉贤妒能，被人气死纯是小说家之言，虽然脍炙人口，但终是虚构事件，与历史不符。

益州，益州，快到叔的碗里来

刘备回到荆州，刚有一块正经根据地，立马就有客户前来谈生意，此哥们叫刘璋，三国人品担当，实在得真够呛，愣把扫把星当救星一样。

刘璋："备备，你帮我削张鲁，少不了你好处……"

刘备："这事儿得从长计议……"

刘备的确是从长计议，计议的是怎么把刘璋的益州夺到自己手里。尽管老罗将此等丑事进行了巧妙的逻辑转移——兴复汉室是正义，所以为达目的不择手段也可以说成是为了正义。

但公道自在人心，谎言只是迟早会被拆穿的骗局。

篇六
魏蜀吴三军战赤壁，周公瑾祭出美人计

刘璋本来不是好战分子，然而人在乱世飘，哪能不挨刀，有时候即使你想躲猫猫，也挡不住麻烦来找。

这个找麻烦的人就是张鲁，抢起地盘很粗鲁，刘璋受了欺负，茫然无助，张松站出来说：大哥咱喊人吧！

张松一开始喊的是曹操，但曹操此时很骄傲，根本没把张松当块料。

出使遭冷遇，本来应该天空飘来五个字：多大一点事。可到了小心眼的张松这里，就成了天大的事，又或者他觉得，是因为刘璋无能，才导致自己遇冷。张松转身就把益州给卖了。

张松很聪明，他知道在迫切需要地盘的刘备这里，才能最大化自己的利益，这个选择符合逻辑，节操道义却碎了一地。

于是张松回到益州，对刘备赞不绝口，什么刘备是好人，又跟您是亲戚，等等等等，把刘璋忽悠得一愣一愣，最后大家一致认为：找刘备帮忙，没错！

话说刘备来到益州，一边心安理得拿人钱财，一边心安理得不与人消灾。张鲁，刘备才不会打，灭了张鲁刘璋还会给他钱花？

刘备现在正忙着勾连张松和法正，暗中进行颠覆活动。

可怜刘璋厚道老实人，一颗芳心完全托付给这个八竿子打不着的穷亲戚，谁劝都不听，一口一个："刘备是我兄弟，他不会害我！"

一心给兵又给粮、指望刘备能帮忙的刘璋，在刘备白拿兵粮不打仗，四处施恩装人样的情况下，终于察觉出了异样。

于是面对刘备索要一万兵马、数万粮草回援荆州的无理要求，刘璋给打了折扣。

这世间有一种人，习惯了被人给予，一旦给予中断，就会怨怒连天，好像别人的给予理所当然。

刘备堂堂三国第一奸雄，居然也这么干，二话不说就跟刘璋翻脸，拉起兵马就对刘璋发难。

这时有人给刘璋出主意，说你把百姓都赶走，东西都清空，带不走的就烧掉，刘备得不到补给，他还打个屁。

刘璋坚定地表示："抗敌是为了安民，要用祸害百姓的方式来对付敌人，这样的事情我做不出来！"

此处应有掌声！

刘璋的仁慈使刘备三下五除二就打下了益州，占领了成都。但益州之地被刘焉、刘璋父子经营多年，根深蒂固，刘备虽然得了地盘却不得人心。想要在此地站稳脚跟，就必须和这里的旧主人攀上亲密关系，这样起码能拉拢一大部分刘璋旧属的心。于是，在法正、诸葛亮等人的建议下，刘备就娶了刘璋的寡嫂子，也就是吴懿的妹妹。吴懿是前益州的军事一把手，这样一来，刘备顺利拉拢了刘璋在政界和吴懿在军界的两股势力，为自己以后在川蜀称王打下了雄厚基础，真可谓干得漂亮啊。所以说，善于借势的人，往往都是能成大器的。

刘备得到益州，按照当初和孙权的约定，理应归还南郡。刘备说能还吗？诸葛亮说不能还，大家一致认为不能还：咱凭本事借的，凭什么要还？

不过现在大家要到蜀地发展，那南郡怎么办？关羽留守。

从此关羽成为荆州顽固钉子户，天天拿把大刀跟南郡城里晃悠，气得老实人鲁肃直哭，但也没辙啊，咱也不敢去跟他干啊！

篇七

关云长骄兵败麦城，陆伯言烈火烧连营

就在双方僵持不下的时候，曹操说兄弟当初我待你不薄，宝马都说给就给，能不能适当放放水？

关二爷说操哥面子我得给，你说放水就放水，于是就来了个"水淹七军"。

……

灭不了孙刘，我还灭不了你马超

再说曹操这边。

赤壁之战的惨痛教训使曹操意识到，自己虽然已经很强了，但一时之间还难以削除孙权、刘备两家势力。为今之计，只有努力让北方在一个相对安定的环境下，发展经济，积攒力量，等到自己有了战胜孙权、刘备的实力之后，再攻打对方。于是，他的注意力主要转移到了后方巩固上，准备先统一关中，然后夺取汉中，进攻巴蜀。

不过这个计划仍有一大阻碍，这个阻碍就是马超和韩遂，这两个人实力虽然不及刘备、孙权，但非常能打，不好对付。曹操想了想，决定玩一出"暗度陈仓"。

建安十六年（公元211年）春，曹操命驻扎在洛阳的司隶校尉钟繇率大将夏侯渊等将领，打着征讨张鲁的旗号进兵关中。然而曹操一动，关中军阀们便立刻警觉起来，随即采取相应行动。马超、韩遂等十队人马抱团取暖，大家一致推选马超、韩遂为带头大哥，十几万人据守潼关，摆开架势要和曹操干。这种情况也在曹操预料之中，他嘱咐曹仁率领大军按原计划行进，但要注意尽量避免与对方交战。

到了夏季，曹操命曹丕、程昱守邺城，自己亲率大军西征。曹军迅速抵达潼关，关中各路军阀也向潼关集结，曹军的将领们都建议速战速决，可是，有了赤壁的惨痛经历，曹操比以前谨慎多了。他告诉大家不要着急，

篇七
关云长骄兵败麦城，陆伯言烈火烧连营

要耐心等待，让敌军多聚集一些，给他们来个团灭。

马超率领亲兵来到阵前，谩骂挑战，可是，曹操只是闭营坚守，将装怂进行到底。同时，曹操暗中命徐晃、朱灵，率步骑混合兵团四千人，从蒲坂津（今山西永济西黄河渡口）渡过黄河，在黄河西岸建立基地。

闰八月，曹军突然从潼关北渡黄河，先是士兵乘船过去，曹操又单独率虎贲武士一百余人，留在南岸断后。不几日，曹操涉险过河，抵达对岸。

曹操抵达蒲坂后，再渡黄河向西，沿着黄河修筑夹道，向南推进。马超等人摸不清曹操的路数，只得退到渭口潼关。而曹操为了吸引更多的敌人，并没有和马超正面硬刚，而是派出小股军队四出游击，虚张声势，让马超等人无法判断自己的真正意图。

这天夜里，曹操派士兵乘船进入渭水，迅速搭建浮桥。后半夜，曹军的部分主力部队已在渭水南岸筑下营寨，设好埋伏。等到天亮，马超才发现曹军已渡过渭水，对自己构成了极大威胁。但是，等马超出击时，却被早已埋伏好的曹军击败了。马超只好放弃潼关，退到渭水以南，马超表示愿意割让黄河以西的土地作为交换条件，想要与曹操讲和，曹操先是假装答应，实则继续前进。

一个月之后，曹军全部渡过渭水，马超打算给立足未稳的曹军猛烈一击。可是，即便是主动出击，曹军还是故伎重施，不作反应。马超仍然摸不清曹操的套路，心中不免忐忑不安，不敢贸然进攻。

曹操虽然表面上毫无反应，但不代表帐中没有做出对策。他采纳了贾诩的建议，采取离间计，让马超和韩遂相互猜忌，搞得两个人貌合神离。曹操一看，时机到了，他便约定了决战日期。先是采用轻装部队突然袭击，一阵厮杀之后，再突然投入主力军。马超和韩遂难以抵挡，便各自带着人马逃奔凉州，其他关中军阀也被迅速击溃。

平定关西之后，曹操率军回到长安城。众将领实在不解曹操的做法，

便问道:"当初,马超主力军据守潼关,渭水北岸没有敌军兵力,我们为什么不直接从河东攻打冯翊(今陕西高陵),反而把重兵压在潼关之下,然后再北渡黄河,这不是多此一举吗?"

曹操笑着说:"当时,马超他们据守潼关,我们的主力军一旦进入河东,敌人就会沿着黄河布防,严密把守渡口,那么我们就无法强行渡河。但是我把主力军集中在潼关城中,吸引敌人的主力军,这样黄河两岸的防备自然就松懈了。那么,徐晃、朱灵两位将军才可以这么轻易地取得西河(今陕西北部)。后来,我从潼关北渡黄河,马超等之所以愿意割让西河,就是因为有两位大将军已经先进入了那里。我们用车辆和树木,沿着黄河向南修筑夹道,一方面是能够安全渡过黄河,另一方面也能够让敌人示弱。渡过渭水之后再筑营,敌人自然是猛攻,但这时我们不应战,就让对方有了信心,必然骄傲,以为这一切很快就会结束。他们自然就没有做长期迎战的准备。而后来的割地求和,我接受这一切,是为了让他们以为已经获得了安全保障,放松警惕。然后攻击一旦开始,他们就没有了胜算。"

而事实也确实如此,曹操这一仗,完全按照自己的计划进行,主动权被曹操牢牢控制在手中,这显示了曹操超高的军事才能。而后,韩遂在逃往凉州之后,被部下杀死。而马超退到陇上,先投奔张鲁,转而又投奔刘备。曹操这下,算是基本平定了西北地区,夏侯渊又占领了陇右。北方基本算是完成了统一。

篇七
关云长骄兵败麦城，陆伯言烈火烧连营

马超是神勇的，也是悲情的

马超，绰号"锦马超"，因面如冠玉、眼若流星、虎体猿臂、彪腹狼腰与狮盔兽带、白袍银甲的非凡装束而得名，羌人将其奉为"神威天将军"，有"不减吕布之勇"。

马超之勇，在潼关之战中表现的最为突出。

当时，曹操从潼关北渡黄河，派遣徐晃、朱灵等率领四千人夜渡蒲坂津，马超知道后，派遣梁兴率领五千兵进攻徐晃，但被徐晃击退，徐晃占据河西设立营寨，曹操亲自率军从潼关北渡，前队刚过，曹操和许褚以及虎士百余人断后，马超突然率领步骑万余杀到，曹军大乱。

许褚、张郃等将领见事态紧急，将曹操架起带出船中，急忙渡河，马超率领骑兵在后边追边射，箭如雨下，曹操几乎丧命。许褚一手用马鞍挡箭，一手撑杆，拼死救出曹操。曹操帐下校尉丁斐在河岸放出大量牛马，马超的士兵顾不得乘胜追击，跑去抓奔跑牛马，马超控制不住，曹操因此才得以成功渡河。曹操手下将领见兵败，又不知道曹操在哪，都非常的害怕，到后来见到曹操，心情有的悲伤有的惊喜，还有的都吓哭了。曹操却大笑说："今天差点被小贼给困住了！"

关于这场大战，《三国演义》中的描写十分精彩：

两军潼关对阵，曹操拍马上前对马超说："你是汉朝名将子孙，为什么要背叛朝廷？"马超咬牙切齿，大骂："曹贼！你欺负皇上，罪恶深重，杀害我的父亲和弟弟，不共戴天之仇！我要活捉你，吃你的肉！"说完，挺枪直杀过来。

曹操背后于禁出迎，两马交战，斗了八九回合，于禁败走。

张郃出迎，战了二十个回合也败走。

李通出迎，马超奋勇厮杀，数合当中，一枪把李通刺下马。

马超把枪往后一招，西凉兵一齐冲杀过来。曹军大败。西凉兵来势凶猛，曹军将士都抵挡不住，只听得西凉军大叫："穿红袍的是曹操！"曹操就马上急脱下红袍。又听得大叫："长胡子的是曹操！"曹操惊慌，拿着佩刀马上割了胡子。军中有人把曹操割胡子的事告诉了马超。马超又叫人大喊："短胡子的是曹操！"曹操听见喊声，立即扯起衣角包着下巴逃跑。

其实从中我们可以看出，马超这个人勇猛非常，但智商显然不够顶级，如果当时他说：那个有头的是曹操……

不过后人仍有诗云：潼关战败望风逃，孟德仓皇脱锦袍；剑割髭髯应丧胆，马超声价盖天高。

曹操仓皇逃命，背后赶来一员战将，回头一看，正是马超。曹操惊恐万状，吓得马鞭都掉了。马超策马赶上，从背后使枪刺去，曹操绕树而走，马超一枪刺在树上，急拔下时，曹操已逃远了。马超催马又追，山坡边过来一员战将，大叫："不要伤害我的主公！曹洪在此！"抡刀上前，拦住马超。曹操才逃了性命。

马超准备投靠刘备时，刘备闻讯高兴坏了，大呼："我得到益州了！"于是派人去迎接马超，并把自己的一支军队给马超，让马超率兵合围成都。马超率领兵马径直到成都，屯兵于城北，城中所有人都因为马超威名而惊恐，不到十天的时间，成都军民就崩溃了，刘璋随即开城投降。蜀汉建立后，马超镇守西平关，更是令伐蜀五路兵之一的羌兵不战自退。

然而，马超虽然勇猛绝伦，在刘备帐下却似乎一直不受重用。他的高

篇七 关云长骄兵败麦城，陆伯言烈火烧连营

光时刻多集中在投刘备之前，加入刘备阵营以后存在感明显越来越低。不错，马超的官职一直在升，但是实际却没什么权力。比如打汉中时，骠骑将军马超只负责威慑，大战的时候根本不让他参加。马超的级别非常高，可是只是个名头。这很可能与马超的为人有关。

马超这个人，异常心狠。

当年曹操谋划汉中时，马超父亲马腾及马氏家族200余人都在许昌。是以曹操没有顾忌马超，以为自己有人质在手，马超会投鼠忌器。谁知马超竟置父亲和家人于不顾，居然真的反了，曹操一怒之下杀了马超全家老小。是故孙盛说他："马超背父，其为酷忍如此之极也。"连自己的父亲都敢背弃，估计刘备心中也会有所忌惮。

马超这个人，名声比较差。

马超跟随韩遂时，因为曹操的挑拨离间，反了韩遂。

马超投奔张鲁后，一开始张鲁对他还不错，给他兵马让他反攻西凉，还准备把自己的女儿嫁给他。后来被人离间，二人产生隔阂。马超准备转投刘备，却扔下了新婚不久的妻子董氏、刚刚出生不久的儿子马秋，以及老部下庞德。后来，张鲁投降曹操，把董氏母子二人献了出去，曹操对马超恨之入骨，直接将董氏赏给了士兵们，马秋也是惨死。因而后世之人时而将其与吕布、张绣相提并论，又有诗云："能持苏武节，不受马超勋。"试问，这样一个不甘人下，容易反水的人，刘备敢重用吗？

再者，马超并不十分尊敬刘备。

马超刚投靠刘备的时候，刘备很厚待马超，马超半生诸侯礼仪不当，经常直呼刘备的表字，关羽非常愤怒，请求杀了马超，刘备劝解："马超穷途末路来归附我，就因为直呼我的表字，而把他杀了，以后怎么面对天下。"张飞也劝解："这样的话，用礼仪做给他看，他就明白了。"次日的早上大会，请马超来的时候，关羽张飞持刀直立在刘备两旁，马超环顾身边

座位，不见关张，却看到关张持刀直立于刘备两旁，非常惊讶，从此再也没有直呼刘备的表字。

这件事以后，马超的性格有了很大变化，他开始慎独慎微，然而才华也同时被收敛起来了，很少再有"白银锁甲带长枪"的光鲜时刻，当然，这或许也与刘备阵营对他的深深防备有关。

当年豪气半入土，已得关陇不望蜀

曹操一通操作，把马超打到了刘备那边，原本想一鼓作气，拿下汉中，但无奈自己在河北的地盘发生了动乱，田银和苏伯为首的农民起义军，在河北迅速崛起。曹操闻讯赶紧率军回到河北，后又来到邺城。这时，田银和苏伯已被击溃，形势也逐渐稳定下来。曹操怕匆匆出兵会让心怀鬼胎的人再度起义，又担心孙权会趁机骚扰，思来想去，决定率兵40万，直指东吴，想靠强大的军事力量震慑孙权，使他不敢轻举妄动，如此一来，就有了平定西北的机会。

建安十七年（公元212年），曹操在朝野内外的声望达到顶峰。正月，汉献帝下诏特许曹操"赞拜不名，剑履上殿，入朝不趋"。这让曹操的权力欲望更加膨胀，养精蓄锐，在当年的十月份，亲自率兵前往东南征讨孙权，以图统一天下。

建安十八年（公元213年）正月，曹操在濡须口击破孙权的江西（长江西岸）大营，孙权亲率7万人的江东部队抵御。这场战役，僵持了一个

篇七 关云长骄兵败麦城，陆伯言烈火烧连营

多月。期间，曹操多次观察东吴的船舰、武器以及军队阵容，东吴的阵容严整，颇有章法，不免慨叹："生子当如孙仲谋！"

两军僵持不下，孙权给曹操写了一封信说："春季已到，江河水势将涨，北军不习水性，阁下应该迅速撤退，以免出现不测。"还附一张小纸条："足下不死，我不能安枕。"曹操读后，颇为感叹，对手下说："孙仲谋果然没有骗我。"于是，下令撤退。

夏初，汉献帝将冀州的十个郡封给曹操当作采邑，因为曹操长期驻扎邺城，邺城既是十郡之一，又是魏郡太守的治所，再加上冀州的这十个郡土地肥沃，人口众多，因此，称这冀州十郡为"魏国"，加封曹操为"魏公"，兼任丞相和冀州牧。

盛夏，曹操在魏国开建天地祭坛和曹姓祖先祭庙。可以说，曹操已获得了得天独厚的待遇，可是，为了能够更好地在朝廷一呼百应，群臣唯是，他强迫汉献帝纳了自己的三个女儿为妃，而且妃嫔级别都是第一级"贵人"。

再说刘备这边，趁着曹操与孙权交战，进攻益州（今四川成都），取代刘璋做了益州牧，又命关羽镇守荆州四郡。蜀中算是彻底归了刘备。

建安二十年（公元 215 年），阳春三月，曹操亲率大军攻击张鲁，后张鲁投降。七月，大军进抵阳平关（今陕西勉县西）。

据说，阳平关下，南北两山相距甚远，难以持久据守。有人劝曹操尽早发兵阳平关，曹操采纳了这一建议。但是，等到兵临城下，才发现根本不像想象中那样。敌军早已严阵以待，曹操这才知道，上了当。无奈之下，曹操只好下令进攻阳平山上的各城池。山陡如削，无法攀登，一时难以攻下，士兵伤亡惨重，曹操心情沮丧，只好班师而回。

曹操一生历经无数战役，近三十年的时间，他一直在作战，论险境，论艰苦，这都算不得什么，可能是年事已高，他没了那么大的心气，接受

了这次的无功而返。

曹操命令大将军夏侯惇、将军许褚，传唤已攀登上山的部队撤退。但是，山中地形崎岖，前锋部队在夜中迷失了方向，误打误撞闯入了张卫的大营，张卫不知真情，还以为是曹操趁机来劫营，纷纷吓得逃走了。夏侯惇、许褚急忙将这个消息告诉了曹操，曹操趁机下令攻打张卫大营，一举歼灭了张卫军团，攻下了阳平关。

刘备，汉中我就让给你了

由于阳平关地理位置的特殊性，曹军占领阳平关就相当于打开了汉中的西大门，于是汉中岌岌可危，张鲁见状打算就此投降曹操，但是他的部下劝他说："今日您的处境是被迫投降的，曹军接受了您的投降也会轻视您的，不如先派人抵抗，您先撤退，或许会有转机。"于是张鲁逃往巴蜀，临走时命令部下不要烧毁汉中等地的仓库，他说："我本来是想要为国家效命的，但是一直没有得偿所愿，我今天离开也是迫不得已，钱财与粮食本来就是国家的，我把它们还给国家。"于是将各种账本加以封存，留给了曹军。

曹军顺利进驻汉中，张鲁在逃亡不久也归降了曹操，官拜镇南将军，封阆中侯，食邑万户。

曹操得汉中后，司马懿建议曹操："刘备刚得益州，人心未稳，现在他又在江陵与孙权争夺土地，这是我军袭击他的最佳时机，我们占据着汉

篇七 关云长骄兵败麦城，陆伯言烈火烧连营

中，到时大军压境，益州必然土崩瓦解，您一定要早下决断，否则会错失良机。"

谋士刘晔对此也认为，如果不及时乘胜进击，占领蜀地，等到刘备班师回朝安抚民心，就不好攻取了。曹操听后思考良久，说道："如今我们离开朝廷已经很久了，解决后方的叛乱才是当前任务，既然得到了陇地，就先不要再盼望得到蜀地了，我们先回去吧。"于是留夏侯渊、郭淮、徐晃、张郃等镇守汉中。

正是这个决定给了刘备一个喘息的机会。

建安二十二年（公元218年），在解决了与孙权的问题后，刘备派遣张飞、马超、雷铜、吴兰等人攻打下辩，曹操派遣曹休、曹真、曹洪等人抵抗。第二年，张飞屯兵固山，佯装要截断曹洪后方，但被曹休识破，曹洪突袭吴兰，吴兰、雷铜等战死，马超、张飞于是撤退。七月，刘备占据阳平关，曹操赶忙部署救援，九月抵达长安。

建安二十四年（公元220年），刘备放弃阳平关，南渡沔水，扎营定军山，夏侯渊闻讯赶忙来抢定军山，刘备夜袭夏侯渊，猛攻张郃，夏侯渊亲自率兵解救，与黄忠短兵相接，不敌，被黄忠斩杀，曹军士气大减，人心惶惶，为了稳定局面，张郃暂时统领汉中诸军，三月，曹操率领大军抵达汉中地界，进驻阳平关，刘备占据险要地形，在山上安营扎寨，固守不战，与曹军对峙。

这时的曹操虽然大军在手，但是消耗庞大，不得不将数千囊粮草搬运到北山囤积，并派重兵把守，黄忠与赵云商议决定互相接应前去劫粮，黄忠不慎中了曹军埋伏，赵云将其及部下解救，曹军紧追不舍，追至赵云营前，赵云大开营门，偃旗息鼓，曹军怀疑有埋伏，打算撤退，赵云竟趁机反击，曹军大惊，自相践踏，伤亡惨重。而后刘备开始主动进攻，早已过花甲之年的曹操变得极为被动，节节败退，五月，强迁汉中百姓退出汉中，

撤回长安,刘备占领汉中,不久便自称汉中王。汉中之战以刘备胜利而告终。

此时年迈的曹操本来就因为之前损失爱将夏侯渊等人而痛心,接着不久便失了汉中,又一次次损兵折将,爱子又陷于危险境地,考虑再三,打算放弃许都,后来由于谋士司马懿献上妙计,利用孙权刘备之间的矛盾,使孙权击败并斩杀了关羽,这才解了许都之危。

客观的说,之前曹操集团的实力是明显高于刘备集团的,自汉中之战以来,曹操逐渐表现出了大不如前的状态,也许是上了年纪,身体不支,也许是轻敌大意,也许是敌方将领能人太多,总之,汉中之战曹操败了。

单刀赴会者,老夫鲁肃是也

赤壁战后,孙权曾有西进益州的打算。为此,他曾写信探询刘备的态度。刘备欺骗孙权说,占据益州的刘璋与他是宗室亲戚,他不会攻打刘璋,也不能坐视孙权攻打益州。刘备还在江陵、秭归等处布设重兵,阻止孙权的军队通过。

但不久,刘璋邀请刘备帮助他对付张鲁,刘备立刻留下诸葛亮、关羽守荆州,自己亲率大军进入益州,并最终与刘璋反目,夺占益州。孙权发觉自己受到刘备的捉弄,非常气愤。他派遣诸葛瑾出使益州,向刘备索取长沙、零陵、桂阳三郡。刘备回答说,他正攻打凉州,凉州打下后,一定将荆州全部归还江东。孙权知道刘备并没有归还荆州的诚意,又在敷衍他。

篇七
关云长骄兵败麦城，陆伯言烈火烧连营

不久，他委派的三郡新太守也被关羽陆续驱赶回来。孙权决定报复，一面派遣吕蒙等人强行攻取三郡，一面命令鲁肃屯守巴丘，防备关羽的救援。

吕蒙连陷三城，激怒了刘备，他亲由益州赶到荆州的公安，命令关羽率军夺回三郡。鲁肃进驻益阳，堵住了关羽南下的道路。关羽是刘备最倚重的大将，虽忠义刚直，但骄矜自信，不善于处理同江东之间的关系。刘备入川后，关羽经常在边界地区制造一些摩擦事件。鲁肃以大局为重，一般都采取忍让、友好的方式进行处理，力求边界和平，避免由此导致联盟的破裂。这次双方陈兵对峙，鲁肃针锋相对，不让关羽在军事上有任何便宜可占。同时，他仍想通过同关羽的说理斗争，维持联盟。因此，他主动邀请关羽到约定的地点进行会谈。鲁肃的部属担心对方下毒手，不愿他同关羽会面。鲁肃劝慰大家，今天的事情，应该当面讲清。刘备是有愧于我们的。谁是谁非没有判断清楚，关羽不敢贸然下手。会谈的时候，双方各把兵马安排在百步以外，鲁肃只带领几个部将，佩挂单刀赴会。这就是历史上有名的"单刀赴会"，只不过主角不是文艺作品中的关羽，而是鲁肃。

鲁肃斥责关羽，当初你们刘皇叔带领的人马比一个校尉领的还少，狼狈极了，只打算远远逃命，对荆州连想也不敢想。我们可怜你们没有立足之地，不吝惜我们血战取得的土地，借给了你们。刘备以怨报德，占据益州后，还赖着荆州不还。我们只要三郡，你们也不肯答应。作为一个普通人都不肯自食其言，何况像刘备这样的一个领袖人物呢？一席话，把关羽说得面红耳赤，无话对答。恰巧这时，刘备听说曹操要进攻汉中，害怕益州有失，慌忙遣使向孙权求和。孙权也自感兵力不足，取胜把握不大，便同意讲和。双方重新修好结盟，签订以湘水为界中分荆州的条约。长沙、江夏、桂阳三郡属孙权，南郡、零陵、武陵属刘备。

夺得荆州三郡后，鲁肃仍然与关羽和平共处，并劝说吕蒙不要挑起战争。他认为，只要曹操存在，江东就会受到他的威胁，在这一点上，孙刘

139

两家的敌人是共同的，联盟只能巩固，不能破坏。

鲁肃病故时只有45岁。孙权为鲁肃致哀，并亲临他的安葬仪式。远在益州的诸葛亮，也为鲁肃的去世表示哀悼，并对鲁肃做出评价。孙权肯定了鲁肃的榻上策和赤壁战前的主战意见，但对借荆州问题进行了指责。其实，孙权的指责是不公正的。鲁肃始终不渝地坚持孙刘联盟，是因为他看到了联盟的维持与巩固，关系到江东生死存亡的长远利益，这是他目光远大的过人之处。

总之，三国时期的鲁肃是一个集政治军事谋略于一身的人物，作为东吴的四英将之一，和周瑜吕蒙陆逊相比，鲁肃一点也不逊色。绝对不是演义中那一个唯唯诺诺胆小怕事的懦夫。

关云长水淹七军，曹孟德封王建魏

建安二十四年（公元219年），为了争夺有利条件，刘备决定发动襄樊战役，为保证此战胜利，特意派出了关羽组织这场大规模的进攻。关羽派两个猛将留守江陵和公安，自己率领大军前往樊城。

在樊城留守的将领曹仁迅速向曹操求救。曹操派了于禁、庞德两员大将率领七支人马前去支援。曹仁则命士兵在樊城北面平地上把守，堵住关羽攻城的路。

就在双方僵持不下的时候，曹操说兄弟当初我待你不薄，宝马都说给就给，能不能适当放放水？

篇七 关云长骄兵败麦城，陆伯言烈火烧连营

关二爷说操哥面子我得给，你说放水就放水，于是就来了个"水淹七军"。

当时，樊城一带下起了大雨，水面猛涨，高出地面一丈多。于禁的军营扎在平地上，被涌进来的水冲乱了军营，七军全部被淹没。于禁和他的将士不得不另寻他处避水。

关羽抓住了这一机会，趁于禁被大水冲得无处可去的时候，安排了一批小船，率领水军向于禁大军进攻。他们把于禁围住，让他放弃武器。而于禁被逼得无路可走，只好垂头丧气地投降了。

再说另外一边，庞德带领一队人马避水到了一处河堤上，关羽的水军向他们进攻，船上的弓箭手向河堤上射箭。庞德一队无处躲藏，众士兵都慌了神，有位士兵对庞德说："不如我们还是投降吧。"庞德正处在气头上，见士兵这样说，便拔剑砍了这位士兵的头。众士兵一看庞德心意已决，只好跟随将领拼死一战。最终，庞德只带了三名小将从中逃出，抢了敌军一只小船，打算逃走。却不料，被一个浪将小船打翻，庞德掉进水里，被关羽的水军活捉。

关羽带队凯旋，将士们将庞德带到关羽大营，关羽好言相劝，希望庞德能够投降于刘备。庞德却骂道："曹公手中百万人马，威震天下，刘备不过是一个庸人，怎么能跟曹公相比。我宁可做曹公的鬼，也不会做你们的将军。"关羽见庞德如此坚定，便只好命武士将他杀死了。

关羽打败了于禁和庞德的七军，趁胜攻打樊城。樊城被大雨搞得全是水，就连城墙也被洪水冲坏了好几处。曹仁的手下也害怕关羽大军，便对曹仁说："如今，我们也没法守住这里，趁关羽的水军还没来，我们赶紧乘船逃走吧！"

曹仁也被说动了，就与守城的将领满宠商量逃走的事宜。满宠说："这洪水来去匆匆，过不了几天，水就会退下去。我听说，关羽已经派人在另

外一条道上向北进攻了。但他却在这边与我们相持，说明他怕我们截了他的后路。不如我们再坚持几天吧。我们这一走，可就将黄河以南的大片区域拱手让人了。"

曹仁也不忍放弃，便鼓励将士再坚持坚持。就在这时，陆浑（今河南嵩县东北）百姓孙狼发动起义，杀了县里的官员，响应关羽。许都以南，其他地方也有不少人响应关羽。关羽因此威震中原。

关羽斩杀庞德，生擒于禁，完成了一生中最大的战绩，吓得曹军风声鹤唳，连曹操都想迁都避一避。

然而谁能想到呢，孙权竟然为了小小的南郡，撕毁合作协议，和曹操沆瀣一气，于是陆逊、吕蒙设计白衣渡江，转眼打了关羽个晕头转向。

这里要给大家解释一下，所谓"白衣"，指的是穿着便衣装百姓，不是说穿白色衣服，要不然你几十艘船一流水的白色运动服渡个江试试！

此时，曹操已稳固了自己势力，六十一岁时，曹操想要做魏王，要加九锡。

荀彧站出来反对，说丞相不可以！

曹操的崛起，可以说离不开荀彧的一手扶持。可是，这样一个与曹操亦师亦友的人，为什么在曹操称王加九锡的时候极力阻止呢？荀彧认为："（曹公）本兴义兵以匡朝宁国，秉忠贞之诚，守退让之实；君子爱人以德，不宜如此。"因此惹怒了曹操。

相较于谋略绝世，这或许才是荀彧为后世追思、称道的原因吧。

当年，天下崩乱，汉室危在旦夕，也许当时名不见经传的曹操一番慷慨陈词，才是真正打动荀彧的地方——"孤自度势，实不敌之，但计投死为国，以义灭身，足垂于后。"（曹操《让县自明本志令》）

荀彧，与其说他扶持的是曹操，不如说他扶持的是汉室，他看重的是曹操"投死为国"的一面，虽然在今天看来，曹操的话更像是沽名钓誉。

关云长骄兵败麦城，陆伯言烈火烧连营

"奉天子，令诸侯"不仅是一个战略，今天来看，莫不是对汉天子的一种保护。

可是，这一切，随着曹操的一点点壮大，而逐渐破灭。曹操在自认"天下无敌"以后，还是忍不住露出来自己的野心。主动要求"加九锡"，就意味着已有不臣之心。历史上第一个加九锡的，是王莽，篡汉建新朝，虽然最终失败了，但他玩的加九锡却成为后世篡位者学习的榜样。王莽之后，曹操算是第一个成功玩弄加九锡游戏的野心家。曹操加了九锡，建了魏国，这是曹氏篡位的第一步，后面曹丕再逼汉献帝禅位，就水到渠成了。

后世的篡位者大多遵循曹操模式，先要九锡，而后再逼迫禅位，把篡位做得面子上很好看，"自此例一开，而晋、宋、齐、梁、北齐、后周以及陈、隋皆效之"。事实上，后世加九锡的人，或者称帝了，或者后代称帝了，或者在称帝的路上被消灭了，少有例外。如司马昭、桓玄、刘裕、萧道成、萧衍、陈霸先、李渊、王世充等。

这是荀彧不愿意看到的，显然，他也阻止不了。荀彧因此郁郁成疾，最后"以忧死"。史书上还有这样的说法：当时曹操赠送食物给荀彧，荀彧打开食器，见器中空无一物，因此被迫服毒自尽。

荀彧死后，以曹代汉的呼声空前高涨，大家纷纷表示：大汉早已名存实亡，取而代之又何妨？

曹操大手一挥，断然拒绝："若天命在我，我就做周文王。"

大家想想，周文王是怎么一回事？他儿子周武王一手灭了大商。曹操这是告诉儿子们：篡位的事情你们去做好了，老子我还想留个晚节。

或许，曹操始终没有称帝，当中也有对荀彧的愧疚吧，虽然这位枭雄的感情绝不至于如此的柔软和脆弱。

曹操就这样按部就班地达成了目的。

陆伯言定下大计，关二爷败走麦城

魏王曹操回到洛阳，得知于禁投降、庞德已被关羽斩杀，心中不免有些慌张。他与心腹商量此事。

谋士说："魏王不必担心，刘备与孙权二者表面和谐，暗地猜忌。恐怕没那么简单。这次关羽声震中原，孙权必定心存嫉妒。我们不如派人去游说孙权，答应把江东封给他，与他相约一起攻击关羽。这样一来，樊城的危机自然就解除了。"

当时，曹操的军队已压境，孙权正左右为难：若是顺服曹操，抗击刘备，则面临唇亡齿寒的结局，刘备被击败，下一个就会是自己，若是赤裸裸地受到曹操的威胁，则只会对己不利。但是如果联盟刘备抵抗曹操，那么就会得罪曹操。在形势上，自己还不是曹操的对手，也不利于自己未来的发展。孙权既有扩张的野心，又忌惮曹操的势力，一时难以抉择。

这边曹操也面临着类似的两难境地：若是将两者逼得太紧，很有可能促成孙权和刘备两家联合攻打自己，那么自己就会处于不利地位。但是，如果不施压，就无法一举歼灭刘备。而自己毕竟是远道而来，兵马众多，付出的代价自然也更多，这样的日子必定不会太长久。正在曹操两难之时，谋士荀攸趁机为曹操制定了合适的策略：一方面大张旗鼓地炫耀武力，一方面送信给孙权，邀孙权与曹军东西夹攻刘备，允诺事成之后，可与孙权平分荆州。

篇七 关云长骄兵败麦城，陆伯言烈火烧连营

曹操听后，认为此计谋甚好，于是派使者去游说孙权。当时孙权和刘备以湘水平分荆州之后，孙权虽然表面上说要维护与刘备的同盟关系，但实际上还是想把荆州全部讨要回来。他本就想借着关羽围攻樊城时，收复荆州。就在这时，曹操的使者捧来了花。

孙权担心自己贸然收复荆州时，曹操会偷袭东吴。这下曹操前来示意，他立马表示愿意和曹操一起搞关羽。并回信说："不久我将派兵西上，偷袭荆州。江陵、公安两个要地连接，关羽若是失掉这二城，必定会自己逃走，樊城贵军被围困，不用救援就会自行解除。不过希望您保守这个机密，不要泄露，以免让关羽有所防备。"曹操非常高兴看到孙权的回信，他成功利用孙权解除了自己的危机。

随后，吕蒙与孙权定下夺得南郡，擒获关羽的计划。为了打消关羽顾虑，吕蒙称病返回建业，途经芜湖，陆逊前去拜见。

陆逊对吕蒙说："关羽自恃他的骁勇胆气，欺侮别人。现在更加意气骄横志向狂肆，未存戒心，他若听到您病重，必然更加不为防备。您见到至尊，应好好计划。"吕蒙敷衍道："关羽勇猛又据有荆州，不是可以图谋的对象。"吕蒙回京，孙权问谁可以替他在陆口指挥，吕蒙回答说："陆逊考虑事情深远，有担当重任的才干，而且名声尚未远扬，不会被关羽重视。"孙权即拜陆逊为偏将军右都督代替吕蒙。

陆逊至陆口，即写信给关羽，在信中以卑下的言辞吹捧关羽，赞赏他的功德，表示自己对他的仰慕，并且表示绝不与关羽为敌。

关羽看信后，甚为轻视陆逊，愈发大意，完全丧失对东吴的警惕。把留守后方、用于提防东吴的军队调至前线，全力对付曹操。这时，关羽虽然在前线取得节节胜利，但他的后方却危机四伏。关羽不善团结部下，引起部下的不满。留守江陵、公安的将领糜芳、傅士仁因军资供应不及时，关羽声言要惩治他们，糜芳、傅士仁不堪忍受，顿生异心。这些情报，陆

逊都了如指掌。

关羽这个时候一方面有些得意忘形，二是确实需要粮饷，就抢了东吴在湘关的粮仓。孙权立即回应，战争就此爆发了。

吕蒙带兵来到浔阳，把精锐士卒都埋伏在船舱里。在甲板上摇橹、扬帆的船工一律穿上普通衣服而不带甲胄（使白衣摇橹），把自己装扮成商人，沿着长江向江陵进发，沿途关羽的巡哨都没有引起警觉，反而所有的岗哨包括站岗的军士都被"尽收缚之"。由此可见，关羽对吕蒙如此巨大的军事行动竟一无所知。

陆逊见破关羽时机已经成熟，立即上报孙权，孙权命吕蒙与陆逊为前部同时分道攻取荆州。吕蒙率军攻打公安、江陵。陆逊则长驱直入，连下荆州公安、南郡，宜都太守樊友弃城而逃，其他据点长吏和蛮夷酋长都望风而降。陆逊指挥的吴军所向披靡，势如破竹，占领了秭归、枝江、夷道，守住了峡口，堵住了关羽退回益州的大门。当关羽得到消息，匆匆忙忙从樊城撤军的时候，公安、江陵已经被糜芳、傅士仁献给了吴军。关羽进退维谷，走投无路，疲于奔命，军心动摇，只得领兵退守麦城。

关二爷大意失荆州，刘皇叔来不及解救，二爷说咱得自救，作为成年人，不能再让大哥操心了。于是在麦城这个地方，向吕蒙竖起了白旗。

你以为关羽会背信弃义？其实他心中自有算计。关羽此举乃是诈降之计，想趁吕蒙麻痹大意，突围出去。结果突到一半，被东吴打了伏击，一代传奇最终死在了无名小卒手里。

这一战，陆逊前后斩获招降关羽军数万人。

关羽勇武一生，最终却败在了自己的傲慢之上，着实令人叹息。

其实，关羽的骄傲已非一朝一夕。当年他诛河北名将颜良、过五关斩六将、水淹七军之后，已然目中无人起来。

譬如，刘备自领汉中王之后，册封五虎上将，关羽对与黄忠同列大为不悦，说道："黄忠何等人，敢与吾同列？大丈夫终不与老卒为伍！"遂不肯受印。在他眼中，勇猛如廉颇的黄忠竟然只是一名老卒，其傲慢之情溢于言表。

又如，孙权想让自己的儿子迎娶关羽的女儿为妻，关羽大喝一声："吾虎女安肯嫁犬子乎！"堂堂江东英雄之首，竟被其视为"犬"，关羽未免太过目中无人。此言激怒了孙权，算是彻底为自己埋下了祸根。

于是，关羽志得意满之下，被"乳臭未干的穷酸书生"陆逊用计破城，最后失手被擒，命绝于江东。

所谓"人不可有傲气，但不可无傲骨"。人有傲骨便是铮铮铁汉，可是人有骄横之气却是愚蠢之人。《王阳明全集》中说道："今人病痛，大抵只是傲。千罪百恶，皆从傲上来。傲则自高自是，不肯屈下人。故为子而傲必不能孝，为弟而傲必不能悌，为臣而傲必不能忠。"

骄傲的确是做人处世的大忌，若不能忍住骄傲，终有一天会为自己招来祸端。

吕蒙在小说中的形象与史实相类，《三国演义》未因尊崇关羽而抹煞吕蒙的军事才能。但却因为成了谋杀蜀汉大将关羽的元凶，而在作者"拥刘抑曹"的思想笼罩下被编造了一个"因关羽追魂索命，七孔流血而死"的下场，这显然是荒诞的。

而此时，距离曹操去世还有不到两个月的时间。

此时的曹操已然病重多时了，又为前方战事日夜操劳，心力交瘁，头风病日益加重，每每汤药过后也不见好转，神医华佗也被他所杀，这次日夜兼程地赶回洛阳，风餐露宿，舟车劳顿，导致旧病复发，请医问药也不见好转，身体每况愈下，自从经历了赤壁之战的惨败之后，曹操昂扬的斗志似有所减，慢慢的养精蓄锐起来，原来有着一统天下的勃勃雄心也随着时间慢慢的磨平了，后来的汉水之战又以惨败收场，当关羽水淹七军，围困樊城时，曹操竟也是首先想到迁都避难，而不是如何抗敌，可见年迈的曹操已无当年锐意进取之心了。

小人物孟达，一个能牵动时势的奇葩

　　孟达原本在刘璋手下为将，法正当时也是他的同僚。法正因为不受重用，常常和益州别驾张松在一起发牢骚。张松出使曹魏，曹操轻视侮辱了他，张松便有了卖蜀地给刘备的打算。法正与张松一拍即合，愿意拥戴刘备入主蜀地，只是一直没有合适的机会。然而，刘璋却给了他们机会，他引狼入室，主动邀请刘备入川，并派孟达和法正各带着二千士兵前去迎接刘备。孟达就在这个时候，背弃旧主，投靠了刘备。刘备将两人的兵士归于一处，统一由孟达指挥，让他驻守江陵。夺得蜀地以后，孟达被任命为宜都太守。

　　建安二十四年，刘备遣孟达从秭归北攻房陵，房陵太守蒯祺被孟达部队剿杀。攻下房陵后，孟达继续进攻上庸。刘备暗中担心孟达难以独担大任，于是命义子刘封自汉中沿沔水南下统领孟达的军队，与孟达会合于上庸。上庸太守投降后，刘封和孟达就奉命驻守此地。

　　关羽被围樊城、襄阳时，曾要求刘封和孟达派兵援助。刘封与孟达商议是否出兵，孟达说："就我们这点兵，拉出去对抗魏、吴两国强兵，就是驱羊入虎口。"此话不假，即便刘封、孟达倾巢而出，关羽之围多半也解不

篇七
关云长骄兵败麦城，陆伯言烈火烧连营

了，反而会加重蜀国损伤。但能力大小是个水平问题，见死不救就是道德问题了。

见到孟达阻拦，刘封当时很为难，说："你说的没错，但关羽是我的叔父，我怎么能见死不救？"孟达见缝插针、挑拨离间："你把关羽当叔父，关羽拿你当草芥而已。当年汉中王登位之时，欲立后嗣。汉中王派人到荆州征求关羽的意见，你猜关羽说什么？他说，刘封是干儿子，应该让他去守偏远山区，免得将来和亲儿子相残。你说，关羽是不是拿你当草芥？"

孟达这一番挑拨，坚定了刘封的决心，二人以山区的边地刚刚依附，不能让其动摇叛变为借口，拒绝发兵。关羽孤立无援，败而被俘，俘而被杀。

关羽死后，孟达因害怕被治罪，再加上跟刘封不和，常受到刘封欺负，于是率部曲四千余家投降了曹魏。这还不算，投降之后，还写信给刘封："阿斗无能，刘备立之。将军不是他的亲骨肉，就是个路人。"言外之意，你也和我一起反了吧，刘封断然拒绝。

孟达到了魏国，一开始混得风生水起，深受曹丕赏识，被封为散骑常侍、建武将军、平阳亭侯。曹丕还把房陵、上庸、西城三个郡合为新城，任命孟达为新城太守。除此之外，孟达还结交了夏侯尚等权贵，也算是风光一时。

然而，随着曹丕和夏侯尚等人的去世，孟达的心开始忐忑起来，他觉得自己这个"外来户"没有了依靠，日子会越来越不好过，于是在诸葛亮引诱下，企图归返蜀汉。孟达又与魏兴太守申仪有隙，申仪将孟达计划泄漏，司马懿写信安抚孟达，暗中遣军进讨。

孟达认为司马氏率军来讨，至少需要三十日方能抵达，所以当司马懿八日内，行军一千二百里赶来时，完全打乱了孟达的部署。后来司马懿包围上庸16天，孟达外甥邓贤、部将李辅开城投降，司马懿破城斩杀孟达，

把他的头颅送回了京师。

孟达在三国时代虽是个无足轻重的人物,人品也非常值得商榷,但他的每一次反叛,却都能够牵动时势。

再失肱骨！张翼德酒后失德殒命

要说张飞真是忠直无双,信义担当,关二爷刚一死,他就迫不及待地给小弟反水的机会,眼睁睁地看着别人把自己给弄死。

当时,张飞闻知关羽被害,日夜痛哭,血泪衣襟。诸位将领以酒劝解,张飞酒醉后,怒气更大。帐上帐下,只要有过失士兵就会被鞭打,以至于多人被打死。刘备知道后,就劝他,你鞭打士兵,还让这些士兵随你左右,早晚都要被祸的。对待士兵,平常应该宽容。但张飞根本听不进去。

张飞下令军中三日内制办白旗白甲,全军挂孝伐吴。帐下两员末将范强、张达入帐告诉张飞:"白旗白甲,一时无可措置,须宽限几日才可以。"张飞大怒:"我急着想报仇,恨不得明日便到逆贼之境,你们怎么敢违抗我作为将帅的命令！"不由分说让武士将二人绑在树上,每人鞭打五十。打完之后,用手指着二人说:"明天一定要全部完备！如果违了期限,就杀你们两个人示众！"二人被打得口吐鲜血。

回到营中,范强说:"今日受了刑责,让我们怎么能够筹办？这个人性暴如火,如果明天置办不齐,你我都会被杀啊！"张达说:"与其等他杀我,不如我杀他！"范强说:"只是没有办法走近他。"张达说:"我两个如果不

篇七 关云长骄兵败麦城，陆伯言烈火烧连营

应当死，那么他就醉在床上，如果应当死，那么他就不醉好了。"二人商议停当。张飞这天夜里又喝得大醉，卧在帐中。范、张二人探知消息，初更时分，各怀利刀潜入帐中，就把张飞给杀了。当夜，拿着张飞的首级，逃到东吴去了。

张飞的强大毋庸置疑，但如此强悍的一个人，最后却得到一个未免有些窝囊的结局，不得不令人唏嘘和反思。

这里需要说一下，也许你意识中的张飞，根本不是真实的张飞。

按照三国演义的说法，张飞是个燕颔虎须，豹头环眼的彪形大汉，"身长八尺，豹头环眼，燕颔虎须，声若巨雷，势如奔马。"就这20个字，把勇不可当、作风鲁莽、性格暴躁的粗线条人物基调定了下来，与隋唐程咬金、水浒李逵属于一类。戏曲中更是给了他黑脸的形象。但根据现代调查显示，张飞很可能是个长相文雅的男子，比如四川一带出土的文物，以及一些三国时期雕像中，张飞面如满月，神态温和，而且竟然连一根胡子都没有，与《三国演义》中塑造的形象大相径庭。而且，张飞的两个女儿都嫁给了刘禅，一个敬哀皇后，一个张皇后。如果张飞真是豹头环眼，生出来的女儿遗传了父亲的相貌，恐怕刘禅也不敢娶。

张飞的武力值绝对很高，这一点毋庸置疑。《三国志》也说他"勇而有义"，"万人之敌"。刘备败走新野，曹操率军在后面追，张飞带着20骑断后，"据水断桥，瞋目横矛曰：'某是张益德也，可来共决死！'敌皆无敢近者。"《三国演义》以此为基调，尽情发挥，把张飞塑造成一个英勇绝伦，但也莽撞异常的武夫，这很值得商榷。

陈寿对张飞的评价中有这样一句话："飞爱敬君子而不恤小人。"说明张飞对待君子的时候，还是不那么简单粗暴的。义释严颜是众所周知的故事，也在一定程度上体现了张飞的智慧。到刘备占据成都之后，刘巴初降，张飞马上去拜访，读书人刘巴认为他是个武夫，不搭理他，张飞很生气，但是也没有跟刘

巴过不去。诸葛亮跟刘巴说："张飞虽然是武将，但是也敬慕足下。"

张飞有勇，但并非无谋。

建安十九年（公元214年），张飞任巴西郡太守。翌年，曹操拿下汉中，然后留夏侯渊、张郃、徐晃三员大将在此镇守。不久，张郃便率领大军气势汹汹杀进巴西郡，开始抢人。前文已经说过，在那个时代，人口就是兵源和赋税，抢人就是抢资源。

张飞当然不肯，一面命令继续搜集对方的动向情报，一面动员人马准备迎战。

张飞找准张郃粮草供应不济的软肋，占据有利地形建立起坚固的营垒，与对方打起消耗战。任凭张郃军队叫骂挑衅，就是不应战。这一对峙，就对峙了五十多天。

张飞预料五十余天的消耗，张郃军断粮已久，体力不济，军心涣散，趁机发起攻击。他抓住张郃军队在山路上摆不开阵势的弱点，就带了一万精兵，从小路上跟张郃邀战，可怜张郃大军顾头不能顾尾，被张飞打得非常狼狈。这一场大战，张飞大获全胜。

张飞不仅有谋略，而且在书法和绘画上似乎也有些造诣。

据明代卓尔昌《画髓元诠》记载，张飞不但喜欢画美人，书法上更是擅长草书。《丹铅总录》中记载，涪陵有一刁斗铭，上面的铭文就是张飞所写。而张飞所佩带的刀以及立马铭上的字，也都是张飞所铭刻。元代画家吴镇曾作诗对张飞的书法进行了高度评价，说魏国的钟繇、吴国的皇象在书法上的造诣恐怕都难及张飞。据传，张飞还会作诗赋，他巡游真多山时，有感而发，写下了《真多山游记》。

如此看来，张飞倒更有些儒将气息，并不是一味地逞匹夫之勇。不过，张飞的性格确实有缺陷，陈寿评价他，"飞暴而无恩，以短取败"，也正是这一性格缺陷，使他害死了自己。

鹰立如睡虎行似病，正是曹丕的手段

张飞兑现誓言，生死相伴，黄泉路上二哥你不孤单！

作为曾经短暂的老上级，曹操不胜唏嘘，说云长我对不起你，不该和你抢美女，你也别太生气，我这就下去陪着你。于是咽下了最后一口气。

建安二十五年（公元220年）正月二十三，曹操走了，享年66岁。一代枭雄就此离世。

曹操走后，曹丕废黜汉献帝，自己坐上了龙椅。

曹操活着的时候，其实曾在嫡长子曹丕和三子曹植之间犹豫不决，不知道到底该立哪一个为世子好。依照旧例是立长子，曹丕虽然很能干，但曹植的文采过人，名满天下，很受曹操的喜爱和器重。

曹丕很担心弟弟会取代自己的位置，就向贾诩求助。

贾诩为曹丕制定了扬长避短，以拙制巧之计。他对曹丕说："愿将军恢崇德度，躬素士之业，朝夕孜孜，不违子道。如此而已。"也就是说："只要您有德性和度量，兢兢业业做事，并且不要违背做儿子的礼数就可以了。"曹丕觉得贾诩的话很有道理，自己的办事能力不亚于弟弟，只要不给别人换世子的借口，那父亲也没有道理要换掉自己。于是他处处以忠厚老实的面目出现，谨慎小心，不越雷池一步，不失时机地表现自己的孝顺和德行。

有一次，曹操率兵亲征，曹植特意做了文章来歌功颂德，讨曹操的欢心，同时也向大臣们显示自己的才华。但是曹丕却伏地而泣，长跪不起，什么话也不说，就是趴在那里痛哭流涕。曹操十分惊讶，问他为何如此伤心。曹丕便哽咽道："父王年事已高，还要挂帅亲征，作为儿子，我心里又担忧又难过，觉得自己实在是太不孝了，不能替父亲分忧，所以如此悲伤。"

一语惊四座，满朝肃然，大臣们都为曹丕的仁孝而感动，连曹操都深深为之动容。相反，曹植的表现却让人觉得他没心没肺，丝毫不为父亲的亲征而担心，只知道炫耀自己，实在是有悖孝道，恐怕也不能做好一国之君。这件事使得曹丕在曹操心目中的份量加重了，天平倾向了他那一端，曹植渐渐被冷落。

后来，曹操为世子之事询问贾诩的意见，贾诩起初闭口不答。曹操说："我向爱卿请教世子之事，爱卿为什么不回答呢？"贾诩说："臣适有所思，所以一时没有回答。"曹操问他何所思，贾诩说："臣想起当初袁绍和刘表的事来。"原来，当初袁绍死后立袁尚为主，冷却长子袁谭，结果导致子嗣间为了争权引起内乱，最终灭亡。同样，刘表也没有立长子刘琦，亦致内乱。贾诩之所以提起此二人，就是在提醒曹操前车之鉴不可忘，曹操自然也明白他的意思，又见曹丕一直表现良好，便于建安二十二年（公元217年）立曹丕为世子。

如果曹丕不是按照贾诩的嘱咐以退为进，而是冲动地和曹植争夺权位，结果可能就会大不一样。因为在世人心中，他的才华明显不如曹植，而且结交的英豪也不如曹植多，胜负很难定论。但是曹丕的聪明之处就在于，他能够随顺自然，以不争为争，恪守太子本分，让曹植一个人尽情表演。结果，曹植的炫耀反而衬托了曹丕的德行，让他登上了王位，这也为他日后以魏代汉，奠定了最重要的一步。

明朝洪应明在《菜根谭》一书中写道："鹰立如睡，虎行似病，正是他攫人噬人手段处。故君子要聪明不露，才华不逞，才有肩鸿任钜的力量。"其意为：雄鹰和猛虎在捕食前，前者立于枝头，似在打盹；后者行走起来宛如生病一般。然而，这不过是它们麻痹猎物，捕杀对方的一种手段。因此，君子只有善于隐晦，聪明而不外露，有才华而不张扬，才能担当起重任，实现胸中大志。

可见，高调做人可能会在短期内赢得别人的赞赏，但更容易引起人们的挑剔，而低调做人却可以让人们长久地欣赏。一般来说，人性都是喜直厚而恶机巧，而胸怀大志者若想达成目标，毫无机巧又绝对不行。因此，想有一番作为，不但要懂得弄机巧，又绝不能让人识破、防范、厌恶，这就要有"鹰立如睡，虎行似病"的处世应变之法。

在这方面，曹丕称得上是个高手。

曹丕称帝后，刘备又哭了，而且水米不进，每日痛哭，令百官挂孝，遥望许昌而祭之，直到哭出病来。还是诸葛亮神机妙算，找到了病根，率群臣上表奏请刘皇叔当皇帝。刘皇叔一见这场面，果然不哭了，转而"怒怪"诸葛亮等人陷他于不忠不义。但诸葛亮他们"执念太深"，非要刘皇叔当皇帝，刘皇叔"不忍辜负"生死相随的兄弟们，这才"勉为其难"自立为帝。

几年后，孙权终于按捺不住，称帝东吴，史称吴大帝。三国正式鼎立。

曹子建才华横溢，可惜政治情商太低

曹丕当了皇帝，那么曹植的命运又会如何呢？

曹植是曹操与卞夫人所生第三子。当时曹操在北方尚未站稳脚跟，缺乏固定的根据地，家属常随军行止，因此幼年的曹植同众兄弟们一样，是在戎马倥偬的生活中度过的。这种戎伍生活一直到曹操击败劲敌袁绍，攻克其经营多年的邺城，方才有所改变。

曹植自小非常聪慧，才10岁出头，就能诵读《诗经》《论语》及先秦两汉辞赋，诸子百家也曾广泛涉猎。他思路快捷，谈锋健锐，进见曹操时每被提问常常应声而对，脱口成章。曹操曾经看了曹植写的文章，惊喜地问他："你请人代写的吧？"曹植答道："话说出口就是论，下笔就成文章，只要当面考试就知道了，何必请人代作呢！"

事实上，才高八斗这个词，最早就是形容曹植的。

曹植的文学水平，在三国时代几乎无人能出其右，在整个中华文学史上也是非常突出的。不论是《七步诗》还是《洛神赋》，都是脍炙人口，《白马篇》《铜雀台赋》也都是文学爱好者景仰的作品。王士祯认为，汉魏以来二千年间，诗家堪称"仙才"者，曹植、李白、苏轼三人而已。谢灵运在夸曹植的时候，则多少带了点自捧的意味。

当然，谢灵运的文学水平也非常高，唐朝许多诗人如李白、王维等，在作诗时都曾或多或少地借鉴了谢灵运的笔法。谢灵运在一次喝酒后，曾说道："天下才共一石，曹子建独得八斗，我得一斗，自古及今共分一斗。"

这意思很简单：古代重量单位十斗为一石，谢灵运表示，如果天下的才华有一石那么重，曹植一个人就能占八斗，我占一斗，从古至今其他所有人加一起分剩下那一斗。

可以说，这句话不仅将曹植捧上了天，也给自己好好吹了一把。

曹植不仅才华横溢，而且性情坦率自然，不讲究庄重的仪容，车马服饰，不追求华艳、富丽，这自然很合曹操的口味。渐渐地，曹操开始把爱心转移到曹植身上。

建安十五年（公元210年），曹操在邺城所建的铜雀台落成，召集了一批文士"登台为赋"，曹植也在其中。在众人之中，独有曹植提笔略加思

篇七 关云长骄兵败麦城，陆伯言烈火烧连营

索，一挥而就，而且第一个交卷，其文曰《登台赋》。从此曹操对曹植寄予厚望，以为他是最能成就大事的人。

翌年，刚行冠礼的曹植暂时告别了在邺城宴饮游乐、吟诗作赋的优游生活，慨然请缨，随父西征。一路上跋山涉水，晓行夜宿。当西征大军辗转到帝都洛阳时，曹植被眼前的一幕惊呆了：饱受战火的洗劫，洛阳城往日的繁华消逝得无影无踪，到处都是残垣断壁，荆棘丛生，昔日气势雄浑的皇宫已成一片废墟，湮没在杂草间，片片黄叶满城乱舞。满腔热血的曹植怀着一颗立功垂名的心，随西征军离开洛阳，继续向西进发。经过一年多的兼并战争，西部最终结束了一盘散沙的混乱局面，迎来了它的稳定与安宁。凯旋的曹植不久即被封为临淄侯。

那年，曹操东征孙权，令曹植留守邺城，告诫他："当年我担任顿丘令的时候二十三岁，回想起那时候的所作所为，至今都不曾后悔。如今你也是二十三岁，怎能不发奋图强呢！"可以看出，这时的曹操对曹植是充满期待的。

那么，发生了哪些事，让曹植失去了曹操的宠爱，彻底输了呢？

当时，曹丕身边有四个好朋友：司马懿、陈群、吴质、朱铄；曹植身边也有三个智囊，杨修、丁仪、丁廙，两相对比，高下立判。

杨修与丁仪兄弟常建议曹操立曹植为世子，曹操也确实动了这样的念头。曹丕感到深深的不安，就用车子装破竹篓，让吴质趴在里面然后进府议事。杨修忙去给曹操打小报告，曹丕得知以后吓坏了，忙问吴质如何是好。吴质不慌不忙地答道："有什么可担心的？明天您运一筐布进来，杨修一定又去告状，他这次再告，您父亲一定会派人验证，若找不到证据，受罪的就是他了！"曹丕从其计，杨修果然又去打小报告，可是查之无人，曹丕安然无恙，曹植和杨修则受到了曹操的猜忌，觉得有可能是他们在故意诬陷曹丕，这从根本上动摇了曹操立世子的初心。

可是曹植和杨修还是不知收敛。曹操经常要试探曹丕和曹植的才干，每每拿军国大事来征询两人的意见，杨修就替曹植写了十多条答案，曹操一有问题，曹植就根据条文来回答，因为杨修是相府主簿，深知军国内情，曹植按他写的回答当然事事中的，曹操心中难免又产生怀疑。后来，曹丕买通曹植的亲信随从，把杨修写的答案呈送给曹操，曹操当时气得两眼冒火，愤愤地说："小兔崽子竟然敢骗我！"

又有一次，曹操让曹丕、曹植出邺城的城门，却又暗地里告诉门官不要放他们出去。曹丕第一个碰了钉子，只好乖乖回去，曹植闻知后，又向他的智囊杨修问计，杨修很干脆地告诉他："你是奉魏王之命出城的，谁敢拦阻，杀掉就行了。"曹植领计而去，果然杀了门官，走出城去，曹操知道以后，先是惊奇，后来得知事情真相，愈加气恼。不但对杨修动了杀心，而且也开始疏远曹植。

而在这之后，又发生了两件非常严重的事情。

建安二十二年（公元217年），趁着曹操外出期间，曹植借着酒兴私自坐着王室的车马，擅开王宫大门司马门，在只有帝王举行典礼才能行走的禁道上纵情驰骋，一直游乐到金门，他早把曹操的法令忘到九霄云外去了。曹操大怒，处死了掌管王室车马的公车令。从此加重对诸侯的法规禁令，曹植也因此事而日渐失去曹操的信任和宠爱。随即，曹操诏令曹丕为世子。从此，曹植的人生陷入难以自拔的苦闷和浓浓的悲愁之中。

建安二十四年（公元219年），曹仁被关羽围困，曹操让曹植担任南中郎将，行征虏将军，带兵解救曹仁。结果曹植在出征前酩酊大醉，曹操派人来传曹植，连催几次，曹植仍昏睡不醒，曹操一气之下取消了曹植带兵的决定。这是曹操给曹植的最后一次机会。

曹操在去世前曾评价他的几个儿子："我深爱三子曹植，但是他为人虚华，不诚实，嗜酒放纵。二子曹彰有勇无谋，四子曹熊身体多病难以保全。

只有长子曹丕,为人笃厚恭谨,可继我业。"

当曹操的死讯传来时,曹氏兄弟都在外地,但表现各不相同。曹丕在邺郡,当他得知父亲的棺椁即将到来时,便率领大小官员出城十里,披麻戴孝,伏道迎入城中,显得哀戚难忍,孝感动天。而曹植却一向是将自己的君子之风放在首位,虽然听闻使者来传达哀信,仍端坐不动,并不显得有多么悲哀,虽说如此很有狂士之风,但是未免让大臣们觉得他不孝。

于是在曹操死后,曹丕顺理成章地登上了魏国的王位。

看来,曹植只适合当个不拘小节的文学家,难以成为纵横捭阖的政治家。曹植不如曹丕有谋略,这是他的致命缺点。

曹丕称帝之后,对曹植严加防范。据《世说新语·文学》中说,有一次,他命曹植在七步之内作诗一首,如做不到就将行以大法(处死),而曹植不等其话音落下,便应声而吟出六句诗来。此诗因为限在七步之中作成,故后人称之为《七步诗》。据说曹丕听了以后"深有惭色"。后来,曹丕碍于母后卞氏的压力,只好将曹植数次徙封。曹植的生活从此发生了变化。他从一个过着优游宴乐生活的贵族王子,变成处处受限制和打击的对象。

31岁时,曹植被封为鄄城王,邑二千五百户,也就是在这次被封王之后回鄄城的途中,他写下了著名的《洛神赋》。在《洛神赋》中,曹植描摹了一位美丽多情的女神形象,把她作为自己美好理想的象征,寄托了自己对美好理想的倾心仰慕和热爱;又虚构了向洛神求爱的故事,象征了自己对美好理想梦寐不辍的热烈追求;最后通过恋爱失败的描写,以此表现自己对理想的追求归于破灭。

曹丕病逝后,曹叡继位,壮心不已的曹植急切地渴望自己的才能得以施展,他曾多次慷慨激昂地上书曹叡,要求给予政治上的任用,拳拳之心可以使铁石心肠之人动容。但过于冷静理智的曹叡却心如古井,不起微澜,对于曹植的种种表白和要求,只是口头上给予嘉许而已。曹叡对他仍严加防范和限制，处境并没有根本好转。

41岁那年，曹植在深深的忧郁中病逝，遵照遗愿，将其葬于东阿鱼山。后人称之为"陈王"或"陈思王"。

刘玄德报仇心切，陆伯言火烧连营

事往回说。

关张的被迫安息，让刘备爆发了洪荒脾气，眨眼间，火线三兄弟只剩下刘备老哥自己，往事历历在目，不胜唏嘘。他发誓要把东吴夷为平地。

刘备说兄弟你们先走，不是哥哥我把誓言忘脑后，我得留下来给你们报仇，于是发动了夷陵战役。

赵云极力劝谏，说哥哥你听我一言：想要一口吃掉孙权，这事挺难，不如让他多活几天，话讲了，君子报仇，十年不晚！

刘备大头摇得像拨浪鼓，说我不，坚决不！哥哥我一辈子玩忍术，兄弟你不知道啊，心里苦！现在当了皇帝，能让我任性一回不？这回说啥我不忍，士可忍叔不可忍，叔可忍婶不可忍！兄弟你别拦我，我就要弄死他！

此时的刘备已然今非昔比，浑身上下散发着帝王的霸气与暴戾，王者荣耀促成了仇恨的加剧，曾经的理智全都喂了鱼。

刘备厚黑技能绝对精英，但独自带兵就是个坑，在三岔口险地老林子里竟玩了一出七百里连营，连曹丕这个小辈都为他的愚蠢大吃一惊！

曹丕：刘备是不是傻？东吴爱玩火这么快就忘啦？步我爹后尘去吧！

篇七 关云长骄兵败麦城，陆伯言烈火烧连营

果不其然，夷陵之战简直就是火烧赤壁的重演。

此时，东吴周瑜、鲁肃、吕蒙三位大都督都已死去，领战的是陆逊这个被刘备鄙视的小年轻。

但其实陆逊人畜无害的外表下有一颗蔫坏的心，这孩子爱玩诡计，最擅长示弱于敌，形成麻痹，然后出其不意，致命打击。关羽就是这么被搞死的，无奈刘备还不警惕。

刘备来到夷陵地区，天天约战，陆逊死心塌地装软蛋。

当 4 万蜀军进攻巫山、秭归时，陆逊主动后撤，诱敌深入，把数百里峡谷山地让给刘备，以使蜀军战线拉长，露出破绽。

当蜀汉军频繁挑战，吴将皆急欲迎击时，陆逊耐心劝止，坚守不出，欲使蜀汉军师疲惫。陆逊认为如今蜀军锐气正盛，难以向他们发起迅猛的进攻。应该褒奖和激励将士，观察形势变化。等待他们自己败坏再攻击。诸将不解，以为陆逊畏敌，各怀愤恨。有些老将和贵族出身的将领不服约束，陆逊则绳之军纪，严加制止。

两军相持半年之久。时至盛夏暑热，蜀军无法急战速胜，兵疲意懈。蜀汉水军又奉命移驻陆上，失去水陆两军相互策应的主动权。蜀军深入敌国腹地，延绵数百里山川连营结寨，因战线过长，运转补给发生困难。

看准时机，陆逊决定转入反攻。他命令将士持草一束，先以火攻破蜀汉营，然后令诸军趁势发起进攻，迫使刘备西退。陆逊命水军封锁长江，孙桓扼守夷道，将蜀军分割于大江东西，遂行各个击破。吴军继施火攻，火烧连营四十余寨，蜀汉军死伤惨重，蜀汉将领杜路、刘宁投降，都督冯习及沙摩柯被杀。刘备败退至马鞍山，依险据守。陆逊即集中兵力，四面围攻，蜀汉军土崩瓦解，被歼数万。刘备趁夜突出重围，逃奔秭归。蜀汉军"舟船器械，水步军资，一时略尽，尸骸漂流，塞江而下"。

刘备收集败将残兵，退回白帝城后，大为惭恚，说："我竟受到陆逊的

挫折侮辱，岂非天意啊！"第二年，刘备听说魏伐吴，写信给陆逊说："贼兵已经在江陵了，我也准备征东，将军还能行吗？"陆逊说："恐怕旧伤未愈没有时间兴兵吧。你应该跟我们的君主通好才对，如果不听我的劝告再率大军前来，这次我不会让一个人存活性命！"

这两次大战，先后直接、间接要了关羽和刘备的命，还顺带导致了张飞的死亡。可以说，刘关张桃园三兄弟凄然结局都与陆逊有关。只不过，受《三国演义》影响，多数人对陆逊并无好感而且不觉得他有多大才干，但他的战功和谋略就三国时期而言，绝对屈指可数。

陆逊这把火真正把蜀汉烧出了内伤，统一天下成了刘备遥不可及的梦想。

夷陵大败令刘备悲不自胜，悔不该当初一意孤行，枉送了这么多兄弟性命。于是躲进白帝城，开始宅，任兄弟们千呼万唤，也始终不出来。

刘备在白帝城内终日心塞，不到一年，心塞死了，自己的江山和傻儿子一股脑地托付给了接盘侠诸葛亮。

直到临终前，刘备还在哭。他哭着对诸葛亮说："丞相啊，我大概活不过今天了，阿斗这孩子从小娇生惯养的，没有什么历练，就拜托你好好提携他吧。如果他实在不是当皇帝的料，你就把他淘汰掉，自己干。"说完，不等诸葛亮回答，又痛哭不止，满面流泪。

诸葛亮何等智慧，岂能听不出刘备的"哭外之音"，震惊得汗流遍体，手足失措，赶紧哭拜于地："臣怎么敢不竭尽全力？安敢不尽股肱之力也？愿效忠贞之节，继之以死。"说完，以头叩地，双目泪流。刘备这一哭，就哭出一个鞠躬尽瘁死而后已的一代名相。

哭，刘备练得炉火纯青，那眼泪就跟自来水一般，拧开就来。刘备的哭，不管是发自内心的，还是心机手段，有一点毋庸置疑：他的哭，哭动了广大百姓，大得民心；哭动了文官武将，誓死相随。他的哭，哭出了水平，哭出了境界，也哭到了一片蜀汉江山。

篇八

战街亭北伐成笑谈，诸葛亮星落五丈原

> 街亭失守，基本宣告之后的北伐全是噱头，但甭管能不能赢，反正诸葛亮认准了：我就要把曹叡打到他妈都不认识他。
>
> 这不禁很让人费解：既然胜算不大，孔明还瞎折腾个啥？
>
> ……

用错人痛失街亭，诸葛亮连降三级

"夷陵大战"之后，魏蜀吴势均力敌，谁也别想把谁从地图上抹下去，就这样僵持了四十多年，直到司马氏异军突起，完成统一。

不过这段时期，诸葛亮也没闲着，为了完成刘备的遗愿，七次北伐！好吧，来回折腾了七趟，除了擒擒孟获，也没有什么大收获。

没收获也就罢了，诸葛亮还犯了个大错——失街亭。

公元228年，诸葛亮将要攻打曹魏，与诸将商量这次军事行动。

魏延说："听说夏侯楙是曹操的女婿，此人胆怯而没有智谋。现请给我五千人的精锐部队，带着五千人口粮，直接从褒中出发，沿着秦岭向东，到子午道后折向北方，用不了十天工夫，可以抵达长安。夏侯楙听到我突然来到，一定弃城逃走。长安城中就只有御史、京兆太守了。横门粮仓的存粮以及百姓逃散剩下的粮食，足以供给军粮。等到魏国在东方集结起军队，还要二十多天时间，而您从斜谷出来接应，也完全可以到达。这样，就可以一举而平定咸阳以西的地区了。"

诸葛亮认为这是危而不妥的计策，不如安全地从平坦的路上出去，可以稳稳当当地取得陇右地区，有百分之百的把握取胜而不会有失，所以不用魏延之计。

诸葛亮扬言从斜谷取郿城，命令赵云、邓芝充当疑兵，据守箕谷；曹叡派遣曹真都督关右地区各军驻扎在郿城。诸葛亮亲自统率大军进攻岐山，军阵整齐，号令严明。

篇八
战街亭北伐成笑谈，诸葛亮星落五丈原

起初，曹魏认为刘备已经去世，几年来没有什么动静，因此放松了防备；而突然听到诸葛亮出兵，朝廷和民众都很惧怕。于是，天水、南安、安定等郡都背叛魏而响应诸葛亮，关中如雷轰顶，受到震动，朝廷大臣不知如何应对，曹叡说："诸葛亮本来依据山险固守，当下亲自前来，正合乎兵书所说招敌前来的策略，一定能够打败诸葛亮。"于是统领步兵和骑兵五万大军，命右将军张郃监管军务，向西抵御诸葛亮。

这时，大家都建议用魏延做先锋，诸葛亮说我不，魏延有反骨，我要用马谡！

话说刘备当年奄奄一息，曾拉着诸葛亮的手说："小明啊，马谡爱吹牛，让他打酱油！"

诸葛亮一边说晓得了，一边心想：我觉得马谡这孩子挺好啊……

结果马谡是个棒槌，只会纸上谈兵，不在山下据守街亭，反而放弃水源上山扎营，副将王平屡屡苦劝，这家伙就是不听。

魏将张郃一看，诸葛亮足智多谋个头！这不派来个废物吗？毫不留情地断绝水道。

士兵没有水喝，说打仗就是胡扯，完全没有意外，直接被干败，多亏王平领走的外围人马及时接应，马谡才捡回了一条命。

要我说，马谡还不如让自己英勇牺牲，好歹能挽回点名声，这样活着回去，丢脸又丢命。

事后，诸葛亮挥泪斩马谡，历史也给广大管理者提了个醒：用人一定要擦亮眼睛。

诸葛亮既杀了马谡和李盛，还夺了将军黄袭等的兵权，王平的名声地位就被特别地提高和显示出来，又提拔他为参军，统领步兵马和营屯之事，官位迁为讨寇将军，封为亭侯。诸葛亮上书请求贬降自己三级，刘禅任命诸葛亮为右将军，兼理丞相的职务。

先帝，我真的尽力了

要说这次北伐，还有一件事情比较奇葩。

没错，笔者说的正是空城计。司马懿二十万大军，败给了诸葛亮袅袅琴音，连爽文作者都不敢编得这么不走心。

诸葛亮是否唱过空城计，在历史上众说纷纭，而注释《三国志》的裴松之则认为：此故事纯属虚构，没有雷同，不存在巧合。

因为诸葛亮第一次北伐，司马懿在宛城驻扎，全程战役他都没有参加，怎么可能在最后的一刹那，瞬间开挂，带领二十万大军兵临西城城下？

街亭失守，基本宣告之后的北伐全是噱头，但甭管能不能赢，反正诸葛亮认准了：我就要把曹叡打到他妈都不认识他。

这不禁很让人费解：既然胜算不大，孔明还瞎折腾个啥？

笔者觉得，诸葛亮应该有自己的想法：

自关羽败走麦城，刘备托孤白帝，可以说蜀国已经元气大伤，在三国之中实力最弱。此时，诸葛亮反而六出祁山，力图恢复中原，以区区数万兵力对抗数十万大军的魏国，可以说不是智者所为。但诸葛亮毕竟是诸葛亮，他和别人想的不一样。

其实，即使诸葛亮不北伐，魏国也会出兵攻蜀。与其因战争造成蜀地破坏，倒不如把战争引到魏国去。而且，单纯的防守，蜀国的发展始终不及魏国，双方的差距只会因时间的推移而拉大。但蜀汉毕竟国小力弱，特殊的地理位置，使当时的蜀汉政权如同一只关在笼中的猛虎，曹魏固然难以入笼打虎，而虎也难以出笼侵魏。若中原乱，或可一逞，若中原稳定，则毫无机会。

另一方面，蜀国是刘备依靠荆州集团（以诸葛亮为代表，刘备入蜀带领的文臣武将）在蜀地建立的政权。所以在蜀国第一阶级是荆州集团，第二阶级是东州集团（以李严为代表，刘璋以前带领的文臣武将），第三阶级才是蜀地集团（以谯周为代表，蜀地本土势力）。

蜀国建国之初，拥有荆州与益州，三方势力的矛盾并不明显。但是自从关羽失荆州、刘备败夷陵后。荆州集团在经历失荆州、败夷陵，元老死伤惨重（关羽、张飞、黄忠、马良、糜竺等皆亡），无力继续压制强大的蜀地集团，所以必须联合东州集团。三方长此以往，矛盾日渐突出。刘备也意识到了这一点，所以在托孤之时，除了任命诸葛亮为"正托孤大臣"，还任命李严为"副托孤大臣"，一来可以使双方互相监督，二来可以借机拉拢东州集团。

诸葛亮发动北伐，也许也是为了将蜀国的内部矛盾转移至对曹魏的外部矛盾。一旦打下雍州、凉州，那么荆州、东州、蜀地三大集团的矛盾会大大缩减。而且可以使蜀国有了问鼎中原的机会。

所以孔明六出祁山自知是不可为而为之，没有取得成功也在预料之中。

诸葛亮这么大岁数，七次北伐，终于把自己累垮，最后在陕西一个叫五丈原的地方，兑现了自己的誓言：鞠躬尽瘁，死而后已。为历史留下了万古云霄一羽毛的完美人格，也留下了"出师未捷身先死，常使英雄泪满襟"的千古遗憾。

诸葛智慧：领导的决定没有错

对于历史人物的评价，历来有好有坏，但关于诸葛亮，则是正面居多。

陈寿在《三国志》中这样评价诸葛亮——"诸葛亮之为相也，抚百姓，示仪轨，约官职，从权制，开诚心，布公道；尽忠益时者虽仇必赏，犯法怠慢者虽亲必罚，服罪输情者虽重必释，游辞巧饰者虽轻必戮；善无微而不赏，恶无纤而不贬；庶事精练，物理其本，循名责实，虚伪不齿；终于邦域之内，咸畏而爱之；刑政虽峻而无怨者，以其用心平而劝戒明也。可谓识治之良才，管、萧之亚匹矣。"是故，西蜀的老百姓在诸葛亮逝世之后，追思不已——"因时节私祭之于道陌上"。

诸葛亮"鞠躬尽瘁，死而后已"，名垂青史，他能做出那样的惊人事业，和两任领导对他的信任密不可分。他正是因为把"领导绝对不会有错"理论，运用得出神入化，才赢得两任领导的心。

刘备三顾茅庐，诸葛亮在隆中三分天下，其中第一步就是夺取荆州，"荆州北据汉、沔，利尽南海，东连吴会，西通巴蜀，此用武之地，非其主不能守。是殆天所以资将军，将军岂有意乎？"可见荆州是立大业根本。

刘表相让荆州，刘备推却。而后，在馆驿中诸葛亮询问为何不乘势而取，刘备回答："景升（刘表）待我，恩礼交至，安忍乘其危而夺之？"诸葛亮虽然心中可惜，口中却说："真仁慈之主也！"

不久刘表病危，诸葛亮又劝刘备新野地小，不能久居，可取荆州，刘备再次拒绝，诸葛亮说："且再做商议。"

篇八
战街亭北伐成笑谈，诸葛亮星落五丈原

刘备几次不听诸葛亮建议，诸葛亮只得设法安排抵御曹兵的其他方法。新野县火烧曹兵，也只是稍挡曹兵而已，此时想不出更好的办法。后来一路逃跑，一直跑到江夏，总算保命。诸葛亮又马上去东吴联合孙权做帮手，赤壁之战后才得到荆州。诸葛亮费了很大的劲，才实现第一步战略目标，但他对刘备未有一句抱怨之言。

刘备雄才大略，儿子刘禅却是白痴一个，但诸葛亮对刘禅从不怠慢，依然全心侍奉。诸葛亮在讨伐中原即将大功告成之际，接到刘禅旨意让他班师回朝。他明知有人献谗言，明知此时大好时机丧失，于大业不利，还是听从调遣回朝，弄清缘由后，他并没有过分责备刘禅，而是安顿好国事后，继续率兵伐魏。

我们试着分析一下两个阶段的诸葛亮。

刘备在世时。如果说寄身刘表处时诸葛亮与刘备相识很短，认为还未完全获得信任，不便直言其过的话，到了帮助刘备成就帝业之后，刘备因关羽被害，要讨伐东吴时，也不见他反对出兵。

陈寿在《三国志》一书中用"群臣多谏"这四个字表示反对者多；那么为什么那么多人劝阻，在此事业成败的紧要关头，诸葛亮却不据理力争呢？他知道此时刘备人在气头上，恨在胸口烧，惹不起，劝不动，就算自己强谏，也没有效果。虽然在刘备失利后他叹息说："如果法正还在，一定能制止主上东征，即使东征，（如果法正还在）一定不会覆败。"但他心里清楚，即使法正真在，也劝不住。

大家读过《三国演义》以后，也许已经注意到，自刘备死后，诸葛亮似乎便没有什么大的作为了，不像刘备在世时那样运筹帷幄，满腹经纶。其原因何在？因为在刘备这样的明君手下，诸葛亮是不用担心受到猜忌的，并且刘备也确实离不开自己，是故他可以尽情发挥自己的才能，辅助刘备，对抗魏、吴，三分天下。而刘禅昏庸，自己权位颇高，易受猜忌，所以他不得不将锋芒收敛，以求善始善终。这是韬晦之计，也是诸葛亮的大聪明。

反将魏延，这罪名委实有些冤

据知情人士透露，诸葛亮死前曾做过长达四小时的煽情演讲，听得蜀汉老员工们热泪盈眶。最后，诸葛亮慷慨陈词："总之，我们蜀国和魏国的斗争是长期的！艰巨的！势不两立的！你们每个人，都要摸着良心想想，自己到底是姓蜀还是姓魏！"第二天，魏延反了。

长期以来，因为《三国演义》的关系，提到魏延这个名字，多数人的直接反应就是——一个后脑勺长着反骨、因为谋反而被诸葛亮遗计诛杀的人物。他的下场似乎罪有应得。但现在看来，魏延似乎挺冤的。

魏延是蜀国的一员重将，有人说他的军事才能不输关羽，尤其是在后三国时代，魏延的表现更是出类拔萃。依据史料来看，魏延的武艺的确在关羽之下，但在谋略上，应该是胜关羽一筹的。

魏延早期出身和履历不详。《三国志·魏延传》说他是"义阳人也，以部曲随先主入蜀"。所谓"部曲"，是汉代军队中三级编制的名称。到了东汉末年，军阀采取"部曲"这种军事建制来组织自己的军队，部曲其实就是他们的私人武装。魏延以部曲身份随刘备入川，是刘备军中的嫡系，不是降将。《三国演义》中，说魏延原本是刘表部将，杀蔡瑁后投韩玄，又杀韩玄献长沙于刘备，诸葛亮斥其弑主不忠不义、头生反骨日后必反云云，完全是小说情节需要。

刘备入川时，魏延因屡有战功被任命为牙门将军。建安二十四年（公元 219 年），刘备于沔阳自称汉中王，并定治所于成都，于是当留大将以镇

篇八
战街亭北伐成笑谈，诸葛亮星落五丈原

汉中，当时大多数人的意见都认为张飞应当担任汉中太守，张飞也觉得这个位置非自己莫属，但是刘备却意外地提拔魏延为汉中都督、汉中太守，并将魏延从牙门将军升为镇远将军。全军上下听闻此事一片震惊，多有议论。刘备也学他老祖宗刘邦为韩信立威那般，替魏延撑场面。一日，刘备大会群臣，问魏延："现在我把重任交给你了，你有什么想法？"魏延雄声答道："如果曹操举倾国之力前来，我请求为大王挡住他，如果是一偏将率十万大军前来，我请求为大王吞并了他。"刘备听后感到十分满意，群臣也为魏延这番话而称赞其雄豪。

魏延也不是嘴上功夫，他镇守汉中十余年，汉中固若金汤，没放入一支敌军进入自己的防区。接任者王平完全按照魏延的既定方针办，也以少胜多，大败曹爽率领的十余万魏军。

诸葛亮首次北伐，魏延提出"子午谷奇谋""奇袭长安"的战略，具体是：由魏延率一万精兵从小路子午谷偷袭进发，出其不意到达长安城下，并趁混乱攻下长安；诸葛亮亲率大军走岐山大路，两军会师潼关，则关中地区尽归蜀汉。诸葛亮认为此计太过凶险，因此没有采纳他的意见。

不过，诸葛亮的老对手司马懿却十分的赞同魏延的子午谷奇谋，司马懿曾对部下说："诸葛亮平生谨慎，未敢造次行事。若是我用兵，先从子午谷径取长安，早得多时了。他非无谋，但怕有失，不肯弄险。"

这个"子午谷奇谋"后来被朱棣套用了。朱棣起兵三年，没有突破性进展。这时，姚广孝祭出大招："毋下城邑，疾趋京师。京师单弱，势必举。"

这是兵行险招，朱棣没想到，朱允炆更没有想到。但朱棣毕竟有魄力，依计而行，挥军南下，远袭京师。这一奇谋给了朱允炆致命一击，他万万没想到叔叔会带着小部队远来突袭，他的主力部队都在北方与燕军作战，回援不及，京城兵力空虚，再加上谷王朱橞、大将李景隆等开城投降，京师遂告陷落。宫中火起，建文帝不知所终。

至于当时魏延与诸葛亮谁更正确,我们无法判断。只不过,能够有这种构想的人,想必当时也是屈指可数,魏延的才略由此可见。

后来,诸葛亮病情加重,秘密与魏延的死对头长史杨仪,以及司马费祎、护军姜维等作身死之后退军节度,令魏延断后,如果魏延不从命,就随他的便。诸葛亮死,秘不发丧,杨仪令费祎前往揣摩魏延意图。魏延回答道:"丞相虽然身亡,但还有我呢,怎么能因一个人的死而荒废天下大事呢? 再说,我魏延是何人,怎么能受杨仪摆布,做断后的将领呢?"

大军都随杨仪徐徐退却,魏延大怒,日夜兼程,赶在杨仪大军前面,所走过的地方都烧绝阁道。杨仪和魏延都互相上表刘禅说对方谋反,刘禅问侍中董允、留府长史蒋琬,到底是谁想造反,董蒋二人都担保杨仪,怀疑魏延。魏延先占据南谷口,率军出击杨仪大军,杨仪命令王平在前抵御魏延。王平骂魏延的先头部队:"诸葛公去世,尸骨未寒,你们这些人怎么敢如此!"魏延大军知道错在魏延,不听魏延的命令,都散了。只有魏延与其子数人逃亡,逃到汉中,杨仪派遣马岱追上了魏延并且斩了他,将头颅献于杨仪,杨仪用脚践踏魏延的头颅,并且骂道:"庸奴!你还能再作恶么?"又灭了魏延三族。

魏延是不是反了?《三国志·魏延传》中说:"魏延最初不向北投降魏国而向南回到国内,只不过是想除掉杨仪等人……魏延的想法不过如此,并不是想背叛蜀国。"

而裴注引《魏略》所记,受诸葛亮托付兵权的是魏延,杨仪因怕魏延趁机相害,所以造谣说魏延要北上投敌,并发兵攻之,然而被诬陷的魏延深恐与战则清白难雪,所以只逃不战,最后终于被追杀。

至于真相究竟如何,已然无法追查。叛将,罗贯中给魏延做了盖棺之论。

忆往昔,当年汉中之时,五虎俱在,刘备独选魏延,"一军皆惊"。魏延反贼的那句话犹在耳边：

"若曹操举天下而来，请为大王拒之；偏将十万之众至，请为大王吞之。"

姜伯约反反复复，竭尽全力难救蜀

诸葛亮死后，姜维继承诸葛遗志，不断兴兵北伐，双方互有胜负。

姜维是后三国时代的蜀汉名将，与诸葛亮、庞统、司马懿并称为卧龙凤雏、幼麟冢虎，其实力可见一斑。

姜维也不是普通人家的孩子，他是天水四大家族（姜、任、阎、赵）中的世家子弟。他爸爸姜冏在羌乱中为保护太守战死沙场，所以姜维的另一个身份是大魏烈士之后。虽然得到父辈荣誉加持，但姜维自己也是文武全才，他一方面精修当时的主流儒学郑玄之学，从地主武装向文化士族转型，一方面又保持着凉州人的尚武之风，豢养死士，想在战场上"耀武扬威"。

当初，刘备不择手段得到荆、益两州后，法正立刻劝刘备图谋汉中，他表示，一旦咱们有汉中在手，就有上中下三策可选，可攻可守，可进可退。

其上策是，按照隆中不知道对不对的设计，与荆州方面相互配合，攻取长安、洛阳，"光复汉室"。

其中策是，把雍、凉二州搞到手，然后益州和雍凉相互配合，进取关中。

其下策是，死守秦岭，保障蜀国大本营的安全。

具体采取哪个策略，视情况而定，随机应变。

反正这"汉中三策"堪比诸葛亮的隆中对，是蜀国中后期一直在贯彻的策略。不过关羽败走麦城，大意失荆州以后，上策已然不可行。此后至蜀亡国，军事战略都是在中策和下策之间来回切换，处于攻势时就取中策，处于守势时则取下策。

诸葛亮北伐，也以谋取雍凉为主，既然雍凉二州是蜀国垂涎已久的战略要地，那么对二州有影响力的人物就很有必要"收为我用"。之前，蜀国确实有这样一个人物，就是马超。

刘备当年打汉中时，马超作为"和平使者"，来到岐山道上的氐族居住区，一次就招降了氐族七个部落数万人。可惜的是，马超始终得不到刘备信任，在蜀国生活得很抑郁，没多久就把自己抑郁死了。

然而，蜀国要图谋雍凉二州，终究少不了本土人士的助力，于是诸葛亮北伐时，姜维就被他瞄上了。

诸葛亮第一次兵出祁山，派赵云、邓芝占据箕谷，佯从斜谷道攻郿，以牵制魏军主力。曹叡派曹真率关右诸军，在郿重兵设防，诸葛亮却亲率大军攻岐山。当时，天水太守马遵正带姜维和功曹梁绪、主簿尹赏、主记梁虔等人随雍州刺史郭淮在各地视察。马遵闻蜀军至岐山后，诸县响应，郭淮闻讯后，决定东行，回上邽守备。马遵怀疑姜维等人有异心，于是也乘夜随郭淮至上邽。姜维发现马遵已走，忙追随其后，可惜晚了一步，待姜维等人至上邽，城门已闭，不肯放他们入城。姜维等人又返回冀县，冀县也不放姜维等人进城。姜维等人只好去投诸葛亮。姜维的第一次反魏，可以说完全是被逼无奈。

诸葛亮去世后，姜维率领蜀军继续北伐，他和曹魏后期几位名将邓艾、陈泰、郭淮、钟会都交过手，战绩不错，胜多败少。最成功的一次，姜维几乎就要拿下长安，却因宦官黄皓的怂恿，刘禅担心姜维成功后会谋反，而急令他速回成都，使得这次北伐前功尽弃。不过，北伐的确劳民伤财，百姓怨声载道，朝堂上下对姜维也颇有微词。

费祎、董允死后，蜀汉政权渐渐被奸臣把持。其中尤以最受刘禅宠爱的宦官黄皓最为突出。董允在世时，每见黄皓必怒斥之，所以黄皓不敢干政。董允过世，朝中便无人再能制得住他。《三国志》的作者陈寿当时在蜀汉为官，就因为不肯屈从黄皓，所以屡遭迁贬。

姜维与黄皓自然不和。黄皓趁姜维败于邓艾之际，向刘禅进谗言欲拿下姜维，以自己的亲信右将军阎宇取而代之。阎宇久闻邓艾大名，因害怕而推却，此事不了了之。姜维得到密报后勃然大怒，向刘禅上奏，直言要杀掉黄皓，被刘禅所阻挠。此时，姜维深切感受到了黄皓的能量之强大，同时也感到自己的人身安全受到了威胁，于是主动申请到沓中屯田养兵，实则是为了避祸。

荀彧族孙荀勖一眼看出内中端倪："刘禅溺于酒色，信用黄皓，大臣皆有避祸之心。姜维在沓中屯田，正避祸之计也。若令大将伐之，无有不胜。"司马昭于是有了算计。

随后，魏派遣大将钟会、邓艾率大军攻蜀。姜维闻讯出山挂帅，亲自驻守剑阁对抗魏军正面部队。魏军在剑阁与姜维相持不下，邓艾让钟会继续与姜维死磕，自己则领兵抄小道走阴平，奇袭成都门户绵竹关，诸葛亮之子诸葛瞻守绵竹，被杀得措手不及，关破人亡。姜维正欲率兵回援，刘禅降了，事已至此，姜维只好向钟会投降。

但没过多久，姜维又一次反魏了，而且这次还把钟会也带成了三国著名反将。

此次灭蜀，钟会与邓艾共同领兵，但因为进攻成都、接受刘禅投降的是邓艾，所以无论是声誉还是功劳，大部分都被邓艾占了。钟会因此愤愤不平，极不痛快。姜维趁机挑拨，与钟会一起设计，收买监军，在回师的路上上报司马昭，谎称邓艾意欲谋反，邓艾被罢免关押。

邓艾一被收押，军队就全由钟会一人统领。此时，魏军加上蜀降军有20余万人。姜维继续怂恿："你看邓艾那么大的功劳，随便捏造个罪名就成了阶下囚，你将来的结果会比他好吗？现在你手握重兵，归降的蜀军也都听我的，由我们俩统领这20万大军，问鼎天下也不是难事。"而钟会也自认功名天下无比，不愿再屈居人下。加之猛将精兵都控制在自己手中，于是举兵反叛。钟会打算派姜维率蜀兵出斜谷，占领长安，再派骑兵经陆路、步兵经水路夺取天下。

司马昭似乎嗅出了味道，写信给钟会："我担心邓艾不服从命令，今派遣中护军贾充率步兵和骑兵万余人入斜谷，驻扎在乐城。我亲自率十万大军驻扎在长安。我们不久就可以相见了。"钟会大惊，兵行险招，召请护军、郡守、牙门骑督以上的将士以及蜀国的旧官，在蜀国朝堂为魏明帝郭皇后发丧。并假借郭太后遗命，起兵征讨司马昭，然而手下将士并不跟从，于是钟会把他们全部关押。

姜维建议钟会："应把牙门骑督以上的官吏全都杀死。"姜维此举是想先借钟会之手杀尽魏将，而后再杀钟会，复兴蜀汉。但钟会犹豫不决，事情败露，被关押的魏军将领立刻连同未被关押的将士，加上各自旗下的官兵反攻钟会、姜维，二人一同被杀，姜维临死前大呼"吾计不成，乃天命也"。

姜维两次反魏，一次迫不得已，一次精心设计，怎奈谋略有余，时运不济。

姜维，以他投蜀的时间和投蜀以后的经历来看，很难说他对蜀汉集团有多大认同，但最后苦苦支撑危局的却是他。姜维至死，都在为诸葛亮的遗愿不遗余力，明知不可为而为之，生前遭受指责和非议，死后仍留下抹不去的污点，所谓的"士为知己者死"，大抵如此吧。

篇九

执刀人老夫司马懿，荡三国乱战终停息

　　问题是，曹老大说话了，直接拒绝不好吧？司马懿眼珠子一转，推说自己有风瘫。

　　曹操心想年轻人你跟谁俩呢？就这套路都是你大爷我玩剩下的！你跟我装是不是？我让你装！

　　转过头，曹操就给司马懿派去了个刺客。

　　……

司马懿，这次真的危险了

三国进入这一季，基本就成了司马一家的独角戏。司马懿、司马师、司马昭父子兄弟接力，把曹芳玩成了傀儡皇帝。

这情节简直不要太熟悉，俨然完美复制了曹操的手笔！

事实上，不是曹操没防御，实在是司马懿太有心机。

话说当年，曹操曾做过一个怪梦，此梦没有人物没有情节，只有一个怪异场景——有三匹马在一个槽子里吃草。这个梦在历史上很有名，叫三马同槽，后来梦境成真，演变成了三马捅曹。

但曹操也不会掐算，他看不到这一天，他只能凭借自己的极度敏感和变态多疑，暗自琢磨：槽，难道暗示着曹？马，难道是司马？是不是说司马家要吃掉我老曹家？

但你要说因为一个梦就大开杀戒，灭掉手下大臣，曹操还真不是这样的人，他只能把曹丕叫到身边，千叮咛万嘱咐："司马懿有王霸之气，恐怕将来会对咱们曹家不利！"

曹丕没有十分警惕，给司马懿留下了兴风作浪的可乘之机。

司马懿，江湖人称"冢虎"，伏在坟墓中伺机吃人的老虎，光名号就叫人汗毛直竖，说不出的阴森狠毒。

在枭雄成串的三国时代，而且被曹操这样的大老板时刻防着，司马懿最后还能脱颖而出，其人生智慧的精粹之处，就四个字——扮猪

篇九
执刀人老夫司马懿，荡三国乱战终停息

吃虎！

司马懿年轻时就很厉害，曹操一看，哎哟喂，真是个人才，必须抢过来，否则便宜了刘备那小子，岂不坏菜？

但司马懿是个有心眼的人，是个有抱负的人，是个有战略眼光的人，他想仔细看一下，将来到底谁会得天下。

问题是，曹老大说话了，直接拒绝不好吧？司马懿眼珠子一转，推说自己有风瘫。

曹操心想年轻人你跟谁俩呢？就这套路都是你大爷我玩剩下的！你跟我装是不是？我让你装！

转过头，曹操就给司马懿派去了个刺客。

当时，那把剑离司马懿的喉咙只有 0.01 公分，但是四分之一炷香后，那把剑的主人会放过他。

原来，司马懿猜到了这是曹操的试探，于是灵机一动，没动。

避险和逃生就像吃饭睡觉一样，是动物本能中的本能，曹操想不到司马懿连这样的本能都能不本能，暂且被他蒙蔽了，司马懿暗骂一声：你太坏了！

曹操做大以后，再次对司马懿进行征召，这次撂下狠话：你来，我不收拾你，不来？——哼哼，自己想去吧！

司马懿的小胳膊拧不过曹操的粗大腿，万般无奈之下，从了。

严峻的问题接踵而至，司马懿敏感地察觉到——老曹头不信任自己！

应该说，是司马懿装病那些年，在曹操心里悬了一把剑。事实上，曹操一直对司马懿的病情半信半疑。如果他是真病也就罢了，如果是装病，骗过所有人，一装好几年，那这个人就太可怕了！

所以曹操一直对司马懿密切查验，越看越冒冷汗。心说论智谋，这小子可能比不上郭嘉、荀攸与贾诩，但要论心机，这小子说第二，没人敢说第一！

恍惚间，曹操仿佛看到了自己的当年，一样的阴险，一样的心机，一样的不择手段。曹操突然感到，黑暗中有一把尖刀，正在慢慢伸向自己。

司马懿，危险了！

我就当缩头乌龟，你能奈我何

这世间有个很让人抓狂的定律：福无双至，祸不单行。对于司马懿来说正是如此。

坊间有句话：同行是冤家。

野心家最怕啥？最怕另一个野心家。曹操是靠欺负老刘家孤儿寡母发家的，他很担心司马懿依样画葫芦，把自己辛苦建立的基业推倒重组。

但还是那句话，如果因为捕风捉影的事情就随便杀人，势必会大失人心，权衡之下，他选择了忍，忍到司马懿露出马脚，再闪电出刀。

与此同时，司马懿也在忍，他的忍是明哲保身——小样的老曹，你不是想抹我脖子吗？小爷我当缩头乌龟！

讲真的，虽然司马懿最终没有辜负曹操的担心，成为曹魏真正的掘墓人，但此时此刻，他真没有想太多。

不是司马懿没有野心，而是他没资格也没资本。现在的司马懿，年龄还小，又是一职场菜鸟，他顶多偶尔想下，怎么样出人头地，取代荀彧、荀攸或贾诩，成为公司高层什么的，怎么可能有那么大的心，一入职场就想着把最高领导干下去。

司马懿的隐忍，不是因为自己的阴谋阳谋权谋各种谋被拆穿，而是司马懿觉得，自己无端就被曹操给莫须有了，真是无事家中坐，祸从天上来。

可以想象，司马懿心里是多么地郁闷、恐惧与委屈。

然而，司马懿毫无办法，人在屋檐下，不得不低头，装酷不低头，头破血也流。

他只能像乌龟一样缩起自己的脑袋，骨气面子抱负什么的都是后话，现在命才是最要紧的！

这段日子，司马懿工作起来简直废寝忘食，一不怕苦，二不怕累，三还不出成绩。

其实凭借司马懿的才能，怎么可能如此无能，恐怕是迫于曹操的威压，不敢不无能吧。

这就叫大智若愚。

总之，只要曹操还在，司马懿就一直装庸才。

不要以为装庸才是碟小菜，让一个天才装蠢才，若不是心机如海，根本装不出来。

而司马懿不仅装出来了，还装得不好不坏不高不低恰到好处！这人的心机是多么恐怖！名副其实的冢虎！

可以说，司马懿一直在隐忍中等待，等待曹操的时代结束，他便大展宏图。

说白了就是，曹操你咋还不死呢？

曹叡，老夫终于把你熬死了

事实上，这个时候的司马懿，已经不动声色地为自己的未来在布局。

他选择了一个人，让他成为自己的守护神，这个人就是曹丕。老曹好几次忍不住想要收拾司马懿，都是曹丕在中间和稀泥。

当然，曹丕不叫曹好好，专做好事不求回报，曹丕也不是小弱智，可以让人随意当枪使。

曹丕帮助司马懿，也是从自己的利益考虑，他要借助司马懿的才智，帮自己当上大魏的世子。

司马懿没有辜负曹丕的期望，曹丕也没有让司马懿失望，两个人相得益彰，我为你遮灾挡难，助你宏图大展；你许我青天凌云，叫我振翅高飞。

司马懿傍上曹丕，获得了巨大的政治红利。随着曹操的死去，曹丕的登基，司马懿暂时解除了危机，但他并不敢放松大意，因为曹丕完美继承了他老子的阴狠多疑。

可以说，那些年，司马懿一直在努力坚持，坚持当一个合格的缩头乌龟。

如果司马懿一直小心翼翼，这样的君臣关系若能在较长时期内得以持续，那么将皆大欢喜，曹丕或许成为千古一帝，司马懿或许与管仲并提。

然而你想如意，老天说不可以！大魏开国皇帝曹丕，仅坐了六年龙椅，就含恨而去。

曹丕临终托孤，司马懿位列中枢，但新皇帝曹叡并未将他视为心腹。

曹叡与陈群、曹真等人达成默契，对司马懿进行排挤，但曹真的猝然离去，打了曹叡个措手不及，他只能起用司马懿，对付西蜀和东吴这些宿敌。

曹叡对待司马懿，就好像刘邦对待韩信，既要用他打天下，又要时刻防着他玩反杀。

曹叡虽然有点异装癖，但绝不是温柔体贴小皇帝。他不但能运筹千里，"利用"臣下，打退蜀吴多次攻击；而且善于治下，曹叡当老大，魏国皇权空前强大。

曹操活着的时候曾评价曹叡说：有你这个熊孩子在，我们老曹家至少可以兴盛三代！果不其然，三代就完，能掐会算是咋地？

如果非要做个对比，那就是曹操胜过小曹叡，曹叡强过大曹丕，但不管是谁，还都能死死压住司马懿。

伺候这样一位皇帝，司马懿只能小心翼翼。可以说只要曹叡在，他就得继续装怂，他不敢不装，也不敢不忠。

对司马懿来说，庆幸的是，曹叡也是个短命鬼，仅仅活了34岁，还不如他爸爸曹丕。

曹叡临死之前，为养子曹芳挑选辅助大臣时，感觉司马懿有些功高盖主，不太靠谱，于是直接把他筛了出去。而他准备的五人名单，除了姓曹就是姓夏侯的，还有一个是曹操的养子秦朗，完全就是一个亲属团。

只不过，这份名单被内部人士调整了一下，最终出炉的时候，变成了大将军曹爽和太尉司马懿。

虽然曹叡对司马懿小心提防，但司马懿作为三朝老臣，为曹家立下过汗马功劳，感人的画面也不是没有。

当时，曹叡回光返照，急召司马懿回京相见，司马懿当时领兵在外，闻诏星夜驰骋奔赴洛阳。

曹叡见到司马懿，奄奄一息地说道："我吊着一口气不死，就是为了等你回来！"说罢，曹叡指着曹芳说："这娃就是我选的接班人，你要看仔细，别被人调包了！"

8岁的小曹芳听到这话，跑过来抱着司马懿的脖子呜呜直哭。

此情此景，司马懿也是异常激动，一边磕头一边流泪，对曹叡说道："陛下放心，当年先帝将陛下托付给臣，臣当年能够做到的，以后也能做到。"

结果……

冢虎暴起，司马懿兵变高平陵

事实上，司马懿不仅在职场能忍，在战场也能忍。

当年互砍五丈原，蜀军远道而来粮草不继，诸葛亮想速战，他就打持久战，无论诸葛亮怎么约，他就是不给机会。

诸葛亮没办法，只能使出激将法，送给司马懿一套时尚女装，暗讽司马懿是个娘娘腔。司马懿也不生气，穿上一试，还挺合身，然后问使者：丞相身体可好？

整得诸葛亮欲战不能、欲罢不忍，与司马懿深情互望一百多天，最后病死五丈原。

司马懿熬死曹家三代人，熬死对手诸葛亮，他用铁一般的事实告诉我们：把所有比你强的人都熬倒，你就是最强的！

篇九
执刀人老夫司马懿，荡三国乱战终停息

到了曹芳执政前期，司马懿依然在装死，他甘愿被曹爽夺去实权而身居太傅闲职。但谁也不知道，他暗中包养了三千死士。他决定不再隐忍，他要做执刀人！

正始十年（公元 249 年），趁曹爽陪曹芳去上坟，司马懿发动高平陵事变。双方互砍的时间很短，只有一天。

当时司马懿跟曹爽说，只要你不再和我做对，我留你爵位，保你富贵。

有个叫桓范的人提醒曹爽说，司马懿这个人老奸巨猾，绝不能相信他！并劝曹爽兄弟把曹芳带到许昌，然后以天子名义调集四方兵力，一起除掉司马懿。

曹爽犹犹豫豫，桓范怒了："你读书都读到狗肚子里去了？这事儿明摆着只能这样办，你想认输装怂，苟且偷生，可能吗？你再想想，当初武皇帝挟天子令诸侯，获得了多么大的政治红利？"

曹爽兄弟左思右想，从初夜一直坐到五更，仍憋不出一句话。最后，曹爽把刀往地下一扔，说："降了吧，就算投降，我仍然不失为富贵人家！"

桓范当时就给绝望哭了，恨恨道："曹真这么像样的人，怎么生出你们这群蠢如猪狗的孩子！没想到哥们今日会受你们的连累，全家老小，性命不保！"

然后，曹爽降了，随即被司马懿灭了一个户口本，三族之内，全做了鬼！

我们也不要说司马懿不讲信用，在尔虞我诈的三国时代，人们的信用早就让动物吃了。

通过数十年的隐忍与谋划，司马懿终于站在了权力的巅峰，感受着无敌的寂寞与空虚，结果他还没有空虚够呢，就有人要搞事情。

太尉王凌与外甥令狐愚见曹芳年幼无力掌政，大权旁落到司马懿手中，觉得很不服气，大家都是有才能有身份的人，凭什么要看你眼色？于是意

图废掉曹芳，改立楚王曹彪为帝，自己也来个挟天子以令诸侯。

嘉平三年（公元251年），王凌趁东吴在涂水开展军事行动的机会，上书朝廷，请求带兵讨伐东吴，其实是想掌握兵权，废掉曹芳，干掉司马懿，史称"王凌之叛"。然而，曹芳压根没敢回应他。

王凌于是派部将杨弘将废立计划告诉兖州刺史黄华，希望得到老同事支持，结果杨弘和黄华直接向司马懿检举了王凌。司马懿愤怒发兵，王凌自知不敌，吓得跪求放过。司马懿故伎重施，表示只要投降，可以当作什么事都没发生，王凌脑子一晕，就降了。

等到王凌清醒过来，才想起曾经发生在曹爽身上的故事，为了保全家人不受屠戮，一狠心，一跺脚，结束了自己的性命。

司马懿看着王凌的尸体，嘴角泛起了冷笑："你以为你死了，事情就结束了吗？"一挥手，又灭了王凌、令狐愚等人三族，就连曹彪也被无情赐死。

同年六月，司马懿梦见贾逵、王凌约他吃饭，不久便去了，他的长子司马师继承父亲衣钵，继续将曹芳玩弄于股掌之中。

原来，这才是司马懿的真面目

一个人如果只知道隐忍，那叫懦弱。能忍，且能观察形势、看准时机，该出手时绝不手软，当机立断一击即中，这才是忍中大者，才是忍的真谛，才忍出了境界。

司马懿就是这样一个人，他该忍的时候绝对能忍，该出手时又绝对够

篇九

执刀人老夫司马懿，荡三国乱战终停息

准、够狠，称得上真正的"稳、准、狠"。

司马懿征伐辽东公孙渊时，为了扬威立名，以绝后患，在有把握吃掉对方的时候，连投降机会都不给对方留。公孙渊曾派相国王建、御史大夫柳甫前来求和，司马懿说他们两个老糊涂，传达的话不准确，将之斩杀，要求对方再派"年少有明决者来"。公孙渊无奈，另派侍中卫演，商讨送人质给魏，以求化干戈。司马懿想着法拒绝，他煞有其事地说："用兵者的重要事情有五种，你们可曾知晓？能战则战，不能战当守，不能守当逃，余下来只有投降和领死两条路可走。你家主将既然不肯捆绑自己前来投降，那必定是想死。既然是想死，就没有必要送人质来了！"把对方的求和意向彻底断绝了。公孙渊被逼得没招，打又打不过，只得逃亡，没想到还是被司马懿在梁水边追上，连同儿子一起死于非命。

司马懿领兵入城，高举屠刀，大开杀戒——"男子年十五以上七千余人皆杀之，以为京观。伪公卿以下皆伏诛，戮其将军毕盛等二千余人"。所谓"京观"，亦名"武军"，是一种野蛮的耀武方式，即用泥土夯实尸骸，在路边筑成恐怖高台，显耀武功，震慑他方。

这一次屠城，司马懿诛杀公孙渊所属官吏2000余人，还杀掉城中15岁以上的男子7000余人，而当时整个辽东地区的人口也才30多万。可以说，司马懿是用上万人的鲜血在自己的头上浇筑着成功的光环。

高平陵事变，司马懿摸准了曹爽贪生怕死的心理，接连派侍中许允、尚书陈泰等人劝说曹爽投降，并假惺惺地"指洛水为誓"，允诺曹爽，只要罢兵息甲，交出兵权，仍可保留爵位。曹爽犹豫了一夜，最后认为投降虽然会失去权力，但以侯爵的身份应仍能享受荣华富贵；于是放弃抵抗，而请皇帝罢免自己，并向司马懿认罪。曹爽兄弟罢官后随即回到府邸。然而仅仅过了三天，司马懿就下令将曹爽等夷三族，所牵连达5000多人！连出嫁在外的女子都不放过，悉数诛杀！

仅仅13天，权倾一时的曹爽集团就灰飞烟灭，司马懿的手段不可谓不老到，不可谓不毒辣。

司马懿对敌人狠，对自己的家人也狠。

司马懿晚年宠爱柏夫人，疏远夫人张春华，所以张春华很少见到司马懿。一次，司马懿生病，张春华去探病，司马懿对张春华说："面目可憎的老太婆，怎么还麻烦你出来！"张春华非常生气，声称要绝食自尽，张春华的儿子司马师、司马昭也要跟母亲一起绝食。司马懿急忙向张春华道歉。事后司马懿暗地里对柏夫人说："老太婆死了没什么好可惜的，我担心的是我那群好儿子啊！"古人讲："糟糠之妻不下堂！"能对老婆下如此毒口，司马懿真是个狠人！

在历史的记载中，我们很难看到司马懿意气风发、快意人生的表演，他从未有过属于自己的"青梅煮酒"时刻，从始至终，他都维持着一种战战兢兢如履薄冰的状态，哪怕后来曹操、曹丕相继死去，他已然位高权重，在人前的表现仍是"待罪舞阳"。舞阳侯是魏明帝曹叡赐给他的爵位。司马懿证明，通向成功的道路，往往由一连串的卑微、屈辱、隐忍构成。一个从里到外、从始至终从不曾散发枭雄气概的人，反而能在一场由顶尖枭雄参与的角逐中笑到最后。

天下由谁来坐班，司马氏说了算

司马氏自高平陵事变后，彻底控制了曹魏朝政，司马懿死后，司马师、司马昭兄弟专制朝权，群臣莫敢不从。曹芳每见司马师入朝，都如芒刺在背，战栗不已。

篇九

执刀人老夫司马懿，荡三国乱战终停息

一天，曹芳正在开工作会议，司马师带着剑就上来了，曹芳慌忙起身迎接。司马师大笑："从古至今，哪有君迎臣的礼节，陛下，稳住！"片刻后，群臣接着汇报工作，司马师乾纲独断，完全不理会曹芳的意见。会议结束以后，司马师昂首下殿，乘车出内，前遮后拥，身边不下数千人马。

魏嘉平六年（公元254年），曹芳将太常夏侯玄，中书令李丰，光禄大夫张缉叫到密室。曹芳对着下属们痛哭流涕："司马师把朕当傀儡玩，视百官如草芥，我曹家的天下早晚要归他们司马家！"说完更是泪流满面。

李丰慷慨陈词："陛下别哭，臣虽不才，愿以陛下明诏，聚四方豪杰，弄死这狗贼！"

夏侯玄也表示："我叔夏侯霸之所以降蜀，完全是因为害怕被司马兄弟谋害，如果陛下有心弄死此贼，我叔必回。我们家是国戚，怎么能坐视奸贼乱国，臣愿奉诏讨伐。"

曹芳心有戚戚："朕怕被他们反杀。"

李丰三人流着眼泪指天盟誓："臣等誓当同心同力，为国灭贼，以报陛下！"

曹芳于是宽衣解带，咬破指尖，又来了一份"衣带诏"，递给张缉，嘱咐道："当年董承之所以被我太爷干掉，就是因为保密工作没做好，你们一定要小心谨慎，千万别走漏了风声！"

李丰拍着胸脯保证："陛下不必多虑？臣等不像董承那样智商让人着急，司马师又怎么能与太祖武皇帝相比？臣办事，你把心放肚子里去！"

君臣四人于是细密谋划，认为到时只要曹芳一声令下，必能送司马师去见他爸爸。

谋划完毕，李丰三人退出宫去，一边走一边窃窃私语，商讨怎样完善"除师大计"，正说到兴起，只见司马师带着数百兄弟，手里拿着武器，迎

面而立。

司马师哈哈一笑，大声问道："下班不回家，你仨干啥去了？"

李丰表示："皇上要看书，叫我三人侍读。"

司马师又问："看的什么书？"

李丰答："夏商与两周，优良读物。"

司马师继续问："皇上看书的时候，有没有问什么往事？"

李丰回答："皇上问了伊尹扶商、周公摄政之事，我们当即表示，司马大将军，就是当今的伊尹、周公啊！"

司马师仰天大笑："枉你们也是读书人，撒谎不脸红吗？你们嘴上说把我当成伊尹、周公，心里觉得我是王莽、董卓吧！"

三人异口同声："我们与大将军异体同心，怎么会有此二心？"

司马师大怒："上坟烧报纸，糊弄鬼呢！刚才你们在密室和皇上哭哭唧唧，所为何事？"

三人一脸茫然："没这回事啊！"

司马师冷笑："你们眼圈还红着呢，还敢狡辩！当我是三岁小孩，好骗吗？"

夏侯玄知道皇上身边一定有司马师的内鬼，此事定然已经泄露，瞒是瞒不住了，索性站直身体，对着司马师破口大骂："我们哭，是哭皇上被权臣欺负，国家被逆贼祸害！狗贼，我等与你势不两立！"

司马师怒发冲冠，叱武士捉拿夏侯玄。夏侯玄撸胳膊挽袖子，挥拳直击司马师，结果拳头还在半空中，就被武士给按住了。司马师下令对三人进行细致搜身，须臾，"衣带诏"便被搜了出来，只见那上面写着：

司马弟兄，共持大权，将图篡逆。所行诏制，皆非朕意。各部官兵将士，可同仗忠义，讨灭贼臣，匡扶社稷。功成之日，重加爵赏。"

司马师看毕，恶从心起："原来你们这帮垃圾，是在合谋图害我们兄弟！我不送你们下地狱，我都对不起我自己！"遂下令，将三人腰斩于市，灭三族。话说司马家这帮人，就喜欢灭人三族，一族不多，一族不少。

司马师干掉三人，直入后宫。此时，曹芳正与媳妇张皇后商议此事。

皇后当时很忧虑："老公你是不是傻？是不是傻？这宫廷内外都是司马兄弟的爪牙，你能瞒得住吗？我被你连累死了！"

曹芳刚想说点什么，司马师就来了，张皇后吓得花容失色。司马师按剑斥问曹芳："我爸爸拥立陛下，功德不在周公之下；臣辅助陛下，比伊尹差吗？为何今日反以恩为仇，以功为过，找来二三小臣，谋害臣兄弟？"

曹芳大呼冤枉，一再表示："朕没有啊！"

司马师从袖中取出"衣带诏"，扔在地上，怒问："这玩意是谁写的？"

曹芳魂飞天外，魄散九霄，战栗着甩锅："这是他们逼的，不是朕的本意！"

司马师笑了："堂堂一国之君，妄诬大臣造反，你说，你这是什么罪？"

曹芳双腿一软，当即就给跪了："朕有罪，望大将军宽恕！"

司马师眼睛都不看他一下，昂着首说道："陛下起来吧，国法不可废。"随即指着张皇后说："这是张缉的女儿吧，我说过了要灭张缉三族！"

曹芳大哭，跪求放过，司马师表示，君子一言，驷马难追，说灭三族就要灭三族，于是将张皇后拖到东华门，用白练绞死。

随后，司马师大会群臣，当众表示："当今圣上，荒淫无道，亵近娼优，听信谗言，闭塞贤路，比西汉昌邑王还不如，不能担任天下之主。我准备效仿霍光，别立新君，以保社稷，以安天下。我话讲完，谁赞成，谁反对？"

文武百官齐声答道："大将军行霍光之事，那是顺天应人，我们举双手赞成！"

司马师于是带着百官来到郭太后门前，询问郭太后意见。郭太后知道木已成舟，事成定局，况且曹芳也不是自己亲生的，为求自保，选择顺水推舟，于是问司马师："那么，大将军准备立谁为君呢？"

司马师回答："臣觉得彭城王曹据很不错。"

郭太后慌忙道："按辈分论，本宫还得叫彭城王一声叔，你立他为君，把我往哪放？我觉得高贵乡公曹髦也很不错，大将军你觉得呢？"

说时迟，那时快，一人上前一步，当众表示："太后所言甚是！"

众视之，乃司马师宗叔司马孚。叔的面子，司马师得给，遂遣使往元城召曹髦，而废曹芳为齐王。

曹芳泣拜太后，纳了国玺，乘王车大哭而去，只有数员忠义之臣，含泪送别。后人有诗曰："昔日曹瞒相汉时，欺他寡妇与孤儿。谁知四十余年后，寡妇孤儿亦被欺。"

接下来的事情就简单了，司马师死后，司马昭坐庄，执掌朝堂，残酷祸害小皇上，再度更换董事长，幼帝曹髦把命丧。

等到司马炎当权，彻底与老曹家撕破了脸，逼迫曹奂"退位让贤"，晋朝走上了历史的前沿。

至于刘蜀，被刘备那个傻儿子玩着，大家觉得还能好吗？

没有任何悬疑，还在曹魏时期，司马昭就把它从地图上抹了下去。

司马昭问刘禅：颇思蜀否？

刘禅回答：此间乐不思蜀也。

不知刘备泉下有知，想不想上来把他掐死。老子英雄儿好汉这句话，完全没有在他爷俩这里得到应验。

东吴那边，则从孙权晚年，就开始上演内部大战。

东吴那帮熊孩子，一个比一个坑啊

在三国时代，孙吴后期的故事基本都属于内部斗争，与魏蜀两国关系不大，因此《三国演义》中着墨不多，不精读三国正史，恐怕只能得一知半解。但事实上，后三国时代的东吴朝堂，真可称得上是波诡云谲。这一切，要从孙权选立继承人开始说起。

孙权的长子叫孙登，孙权对他寄予厚望。孙登的母亲出身寒微，孙权就令正室徐夫人好生抚养孙登。孙权受封吴王之后，立孙登为王太子，为他精选名臣后代作为辅弼，诸葛恪、张休、顾谭、陈表都被选入东官，孙权还把周瑜的女儿选为太子妃。孙权让孙登留守武昌主持荆州的军政事务，这相当于已经把吴国的半壁江山托付给他了，并把股肱之臣陆逊放在他的身边加以辅佐。孙登也确实没让孙权失望，他宽厚爱民，勤于政事、进举贤臣，已初步显露出一代明君的风范。可惜，这样一位应该能够在历史上留下大业绩的人物，却在33岁那年，英年早逝了。他的死，令孙权悲痛万分，孙权流着泪说了八个字"国丧明嫡，百姓何福？"作为国君、人父的孙权，说出这样的话令人动容，也让人倍感心酸。他的死，也是吴国由盛到衰的开端。

孙登离世以后，因为次子孙虑早逝，便立三子孙和为太子。但孙权这时做了一件糊涂事。在加封孙和胞弟孙霸为鲁王时，还让他和太子住在同一宫殿中，一切礼仪规格与太子孙和无异。

孙权这样做，让很多吴国大臣，甚至孙霸自己都觉得，孙霸是很有机会的，将来很可能将孙和取而代之。这种情况下，吴国掀起了巨大的波澜，大臣们开始各寻拥护对象，最后出现了"中外官僚将军大臣举国中分"的局面：丞相陆逊、大将军诸葛恪、太常顾谭、骠骑将军朱据、会稽太守滕胤、大都督施（朱）绩、尚书丁密、太子太傅吾粲等拥护太子孙和；骠骑将军步骘、镇南将军吕岱、大司马全琮、左将军吕据、中书令孙弘等人拥护鲁王孙霸。至此，东吴朝堂之上已经形成了太子党和鲁王党两大集团，出现了储位之争和朋党之争。

然而，争斗还不止这些。孙权的长公主孙鲁班因为与孙和、孙霸的母亲王夫人不和，屡屡在孙权面前挑拨离间。

孙权卧病之际，让太子孙和到宗庙祭祀，正好太子妃张氏的叔父张休家就在附近，便邀请孙和到家中作客。孙鲁班得知此事后，诬陷太子与张休结党营私，又说王夫人在孙权卧病时面露喜色，巴不得孙权早死，她的儿子好登基为帝。此时的孙权已然老糊涂了，尤其在孙登去世之后更加敏感多疑。他没有详查就大骂王夫人，无辜的王夫人没多久就郁郁而终，孙权与孙和父子由此渐生嫌隙。

陆逊虽然倾向于太子孙和，但是作为国家支柱，为了维护朝堂稳定，也没有刻意打压鲁王一党。只是几次向孙权谏言，陈述嫡庶之分，希望孙权让太子、鲁王回归本位，各安本分，从根源上治理党争。并请求面见孙权陈述利弊。然而孙权不准。

在太子和鲁王之间有些摇摆的孙权与宠臣杨竺密谈，咨询杨竺的意见。杨竺是鲁王的拥趸，自然倾向于立鲁王孙霸，孙权于是更加动摇。不料此次谈话被太子的密探获悉，太子胆战心惊，找陆逊之子陆胤请求陆逊劝说孙权。孙权得知密谈泄露，大为震怒。杨竺趁机炮制的"扒皮帖"，历数陆逊20条罪状，说陆逊结党营私，这显然是诬陷，但受其影响并追随他的门阀子弟、文武士族，确乎不少，捕风捉影坐实"结党"很容易。此时全琮又不失时机地污蔑陆逊侄子在之前的作战中夸大军功。孙权也不调查清楚，就将陆逊的外甥顾谭、顾承等太子近臣全部流徙蛮荒之地。又屡次遣使严厉责骂陆逊。陆逊羞愤难当，急怒交加，旋即不治，一代元勋竟就此猝死。

陆逊的死让孙权有了警醒，他恍惚看到了两党内斗的后果是东吴分裂，就像袁绍的两个儿子袁谭、袁尚互相攻讦，导致河北分崩离析，终于被曹操所灭一样。于是他作出最后决定，废黜、软禁太子孙和，并将鲁王孙霸赐死，终结了这场席卷了整个东吴朝堂的斗争。

孙和被软禁后，骠骑将军朱据、尚书仆射屈晃率领众多将吏头上抹泥，将自己捆绑起来，接连几天到宫门外为孙和求情。孙权登上白爵观观望，非常反感这种行径。斥责朱据、屈晃等是无理取闹。孙权册立孙亮为太子，无难督陈正、五营督陈象上奏，引述晋献公杀申生、立奚齐，以致晋国大乱的史实进行劝谏，而朱据、屈晃又固执地劝谏不止。孙权大怒，将陈正、陈象满门抄斩，将朱据、屈晃拖进大殿，杖打一百，最后将孙和流放到故鄣，群臣中因劝谏而被诛杀流放的多达几十人。幼子孙亮被立为太子，并立孙亮生母潘氏为皇后。而潘皇后生性妒忌，虽身居皇后位置，但仍不满足，还想做女皇。有一次孙权重病，她非但不担忧，竟向人请教当年吕后是怎样执政的，其心可知。

对于孙和，时人后人不约而同地表示了惋惜。

陈寿说："虑（孙虑）、和（孙和）有好善之姿，规自砥砺，或短命早终，或不得其死，哀哉！"

裴松之说："孙权横废无罪之子，为兆乱。"

在这些人看来，废长立幼倒也并非绝对不可。主要是孙和品行都不错，没有明显过失，若能顺利即位，东吴应该不会出现"童孺而无贤辅"的窘状。孙权晚年有感于此，曾想召回孙和，复立为太子，被孙鲁班所阻挠。而且孙和臂膀尽失，回来恐怕也难有作为，弄不好还会再次引起内斗，最终只得作罢。这时的孙权，恐怕肠子都悔青了，他老泪纵横地对陆逊之子陆抗说："我过去听用谗言，违背了正道，辜负了你父亲。"言下之意，如果陆逊还活着，我还愁什么！

孙权死后，孙亮 10 岁继位，政令不由己出，终身苦受权臣威逼之祸，这为日后的吴宫政变埋下祸根。公元 260 年，孙亮遭到宗室大将孙琳的罢黜和杀害。而东吴第三位皇帝孙休也饱受权臣之苦，在位 7 年即英年早逝。到了第四位皇帝孙皓。

孙皓是孙权的孙子，这孙子是真孙子，残暴无良，荒淫放荡，在皇位上玩了十几年，就葬送了东吴江山。

三国混战多年，没想到最后都是在为司马家做铺垫，回看当初刘备、曹操和孙权，何等威风闪闪，豪情冲天，到头来一辈子的努力，都给别人做了嫁衣，上哪说理去！

看罢三国枭雄争霸，再品红颜异卉奇花

　　一对姐妹花，同时嫁给两个天下英杰，一个是雄略过人、威震江东的"孙郎"，一个是风流倜傥、文武双全的"周郎"，按照传统看法，堪称郎才女貌，美满姻缘了。

　　然而，二乔是否真的很幸福呢？

　　……

东京风格颓下，蔡文姬才气英英

唐朝李颀曾为命运坎坷的蔡文姬发出如此感慨："蔡女昔造胡笳声，一弹一十有八拍；胡人落泪向边草，汉使断肠叹归客。"关于她的婚姻，丁庚在《蔡伯喈女赋》中是这样说的："伊大宗之令女，禀神惠之自然；在华年之二八，披邓林之耀鲜。明六列之尚致，服女史之语言；参过庭之明训，才朗悟而通云。当三春之嘉月，时将归于所天；曳丹罗之轻裳，戴金翠之华钿。羡荣跟之所茂，哀寒霜之已繁；岂偕老之可期，庶尽欢于余年。"

蔡文姬是汉朝著名学者蔡邕的独生女儿。蔡邕不仅是大文学家，也是大书法家，还精于天文数理，妙解音律，在洛阳是文坛的领袖。蔡文姬生活在这样的家庭里，耳濡目染，受其父的影响很大。她很小就十分博学，善于言辞，既博学能文，又善诗赋，兼长辩才与音律。

蔡文姬第一次出嫁，远嫁河东卫家。她的丈夫卫仲道是太学出色的士子，可惜好景不长，不到一年，卫仲道便因咯血而死。两人无子女，蔡文姬遭到卫家嫌弃，认为她"克死丈夫"。正年少气盛、心高气傲的蔡文姬，受不了这种歧视，她不顾父亲的反对，愤而回家，成了年轻的寡妇。

东汉末年，社会动荡，时局变幻。董卓被吕布诛杀以后，因董卓曾重用过蔡邕，蔡邕也被收付廷尉治罪杀了头。此后，更为激烈的军阀混战接踵而来。这时，羌胡番兵趁机掠掳中原一带，攻城略地，马边悬男头，马后载妇女，蔡文姬与许多妇女一起被羌胡番兵掳到了匈奴。在去匈奴的途中，蔡文姬饱受了番兵的凌辱和鞭笞，这年她23岁。

蔡文姬第二次出嫁，被迫嫁给了虎背熊腰的匈奴左贤王，还为左贤王生下两个儿子。在匈奴生活了12年，蔡文姬学会了吹奏"胡茄"，学会了一些异族的语言，但她更饱尝了在异族异俗生活的痛苦。这12年里，蔡文姬忍受着双重屈辱，一是作为汉人，她被胡人劫掠至胡地；二是作为女人，她被迫嫁给胡人为妾。儿子出世以后，匈奴左贤王对蔡文姬宠爱有加，蔡文姬也渐渐安于抚养两个儿子。但她始终期待自己能够生回故园，死埋家乡。

12年后，蔡文姬归乡的愿望得以实现。当时，曹操基本扫平北方群雄，把汉献帝由长安迎到许昌，后来又迁到洛阳。当上丞相以后，曹操挟天子以令诸侯，在统治稳定之际，曹操回忆起少年时代老师蔡邕对他的教导。当他得知蔡文姬被掠到了南匈奴时，他立即派周近做使者，携带黄金千两，白璧一双，要把蔡文姬赎回来。只是，此时蔡文姬归汉，已然多了另一桩心痛：只要回归故国，就得舍弃自己的两个亲生儿子！

蔡文姬多年被劫掠是痛苦的，可忽然要离开胡地，回归故园，舍弃已然共同生活了12年的夫君和两个年纪尚小的儿子，而且此一别关山重重，大漠遥遥，几乎是永别。离开胡地时，她与儿子和夫君相拥泣号。在汉使的催促下，蔡文姬在恍惚中登车而去，车轮的转动中，12年的生活，暮暮朝朝涌上心头，这段惨痛的经历，留下了动人心魄的《胡笳十八拍》。

《胡笳十八拍》是古乐府琴曲歌辞，是感人肺腑的千古绝唱，是蔡文姬和着血泪写成的。"对萱草兮犹不忘，弹鸣琴兮情何伤！今别子兮归故乡，旧怨平兮新怨长！泣血仰头兮诉苍苍，胡为生兮独罹此殃！"这仿佛是这个不幸女子的自弹自唱，琴声正随着她的心意流淌，随着琴声、歌声，她仿佛正行走在一条由屈辱与痛苦铺成的长路上。

南匈奴人在蔡文姬去后，每于月明之夜卷芦叶而吹笳，发出哀怨的声音，模仿蔡文姬的《胡笳十八拍》，成为当地经久不衰的曲调。中原人士也非常盛行以胡琴和筝来弹奏《胡笳十八拍》，据传中原的这种风尚还是从她最后一个丈夫董祀开始的。

《胡笳十八拍》的艺术价值很高，后代有过许多评论。明朝人陆时雍在《诗镜总论》中说："东京风格颓下，蔡文姬才气英英。读《胡笳吟》，可令惊蓬坐振，沙砾自飞，真是激烈人怀抱。"郭沫若还创作了新编历史剧《蔡文姬》，在现代舞台上再现了"文姬归汉"的历史场景，其影响十分巨大。

蔡文姬传世作品除《胡笳十八拍》外，还有《悲愤诗》，它是我国诗史上文人创作的第一首自传体的五言长篇叙事诗。该作品在艺术上采用现实主义的手法，通过典型的细节描写，具体生动地表现各种场面，使人犹如亲临其境，"真情穷切，自然成文"，激昂酸楚，在建安诗歌中别构一体，在我国诗歌发展史上有着重要地位。

蔡文姬在汉使周近的卫护下回到故乡陈留郡，发现家乡满目疮痍，到处是断壁残垣，已然无法居住。此时，曹操为了让恩师蔡邕血脉传承，又为文姬择一夫婿，此人便是屯田校尉董祀。董祀正值鼎盛年华，论年纪比文姬小许多，生得一表人才，通书史，谙音律，自视甚高。对董祀来说，原本不会想到要娶一个年长自己许多、已结过两次婚还生过两个胡儿的中年女人为妻，他的内心深处还是有些嫌弃这段婚姻，只是迫于丞相曹操授意，无奈中只得接纳文姬为妻。

蔡文姬与董祀结婚这年，是公元208年，这年爆发了著名的赤壁之战。蔡文姬这时已经35岁。在35年的生涯里，她已饱经战乱之苦，经历了与父亲、两个夫君、两个儿子的生离死别，内心中充满挫折与伤痛。冰雪聪明的她，对于董祀对自己的感情，是心中有数的。但此时的蔡文姬，已经没有了年少时愤而离家的那种勇气，可能是因为她已经历了太多，父亲的死也让她无所依靠，她有些麻木，面对命运，只想迁就。在蔡文姬的诗作

《悲愤诗》中，她这样谈论这段老妻少夫的关系："托命于新人，竭心自助厉，流离成鄙贱，常恐复捐废。"此语表露了一个女人生怕丈夫嫌弃自己过去的惊恐，自我认知的"鄙贱"，在家中不被爱的地位，以及担心再度失婚遭到抛弃的心情。

蔡文姬这次婚姻，起初并不十分和谐。精神的创伤和对胡地两个儿子的思念，令她时常神思恍惚。而丈夫的冷落，更加重了她的自卑感。与此同时，董祀面对冷淡的婚姻，也做出了变相的"抗争"。仅一年后，董祀就犯下了死罪，曹操判其斩首。文姬闻讯蓬首跣足地赶往丞相府求情。曹操正在大宴宾客，公卿大夫、各路驿使坐满一堂。听说蔡文姬求见，曹操对在座的众人说："蔡邕之女在外，诸君谅皆风闻她的才名，今为诸君见之！"蔡文姬走上堂来，跪下来。在严冬季节，她头发凌乱、打着赤脚，令众人大为惊讶。

曹操心中不忍，命人取过头巾鞋袜为她换上。蔡文姬哀伤地讲清来由，在座宾客都感叹不已，曹操说："事情确实值得同情，但文状已去，我能怎么办？"

蔡文姬恳求："明公厩马万匹，虎士成林，难道不可以快马加鞭，收回成命吗？"说罢又是叩头。

曹操念及昔日与蔡邕的交情，又想到蔡文姬悲惨的身世，倘若处死董祀，文姬势难自存，于是立刻派人快马加鞭，追回文状，宽恕了董祀。董祀此后感念蔡文姬的救命之恩，对她态度好转，两人的婚姻由此得以继续。后来，夫妻双双看透了世事，溯洛水而上，居于风景秀丽、林木繁茂的山麓之中，平安地度过了晚年。若干年以后，曹操狩猎经过这里，还曾经前去探视。

曹操的文学成就也称得上是震古烁今，他特别爱书，尤其是难得一见的好书。一次闲谈中，曹操表示很羡慕蔡文姬家中原有的藏书。当蔡文姬告诉他家中原本所藏的四千卷书籍，几经战乱，已全部遗失时，曹操流露出很深的失望之情。但当听到蔡文姬还能背出三百篇时，曹操又大喜过望，立即说："既然如此，可命十名书吏到尊府抄录如何？"蔡文姬惶恐答道："妾闻男女有别，礼不授亲，乞给草笔，真草唯命。"

最终，蔡文姬凭记忆默写出了四百篇文章，且文无遗误。这不但满足了曹操的心愿，蔡文姬的才情也可见一斑。蔡文姬是一个博学多才的女子，然而她的婚姻是不幸的，命运是凄惨的。虽然有人认为"蔡文姬受辱虏庭，诞育胡子，文辞有余，节烈不足"，但《后汉书·列女传》为她立了传，说明她不曾因多次嫁人而备受歧视。

明人陆时雍在《诗镜总论》中说："东京风格颓下，蔡文姬才气英英。读《胡笳吟》可令惊蓬坐振，沙砾自飞，直是激烈入怀抱。"盛称蔡文姬的资质与修为，一个博学多才的好女子，命运是如此凄惨，婚姻生活如此不幸，令世人感到悲凉与叹息！文姬亦擅长书法，其文笔宋刻《淳化阁帖》有收录。蔡文姬一生，特别是归汉后，继承父亲的遗志，撰写了《续后汉书》，这不能不说是她对祖国古代文化作出了卓越贡献。

嫁给刘备，是她的幸还是她的悲

虽然根据史料推断，刘备似乎没有曹操那般好色，但他的女人也不少，不过，多数都比他死得早。刘备在年轻的时候，就有算命先生说他克妻，后来他在老家果然"数丧嫡室"。但是他的女人缘还是很不错，下面说说刘备最对不起的一个女人——甘夫人。

在《三国演义》中，甘夫人出场次数虽然不多，却很有存在感。她的命运，整个就是刘备的落难史。

甘夫人出身贫寒，小时候村里会看相的人说她："长大后必定身份尊贵，地位可以尊贵到皇宫里去居住。"甘夫人一生随刘备颠沛流离，在一起依附刘表的时候，她怀了身孕，梦见北斗星从她口中滑入，因此给孩子起名为"阿斗"。

甘夫人的美貌估计可比貂蝉、甄宓、大小乔。史书记载，她十八岁时，皮肤白的玉一样，姿态妩媚，容貌美艳。当时刘备担任豫州牧，驻扎在小沛。刘备将甘夫人召到自己的内室纱帐中，然后从屋子外面往里看去，甘夫人就如同皎洁的月光映照下的霜雪一样。

此时有一河南人献给刘备一个三尺高的白玉美人，刘备把玉人放到甘夫人后面，白天和将士们讲说军谋，晚上就抱着甘夫人同时玩弄那个白玉美人，而且常说玉是世上最珍贵的东西，所以人们常用玉来比喻君子，把白玉雕成人形，难道不可以用来玩吗？甘夫人的皮肤与白玉美人一样洁白润泽，看到的人都分不清哪个是真人，哪个是玉人，那些不被刘备宠爱的人不是嫉妒甘夫人的美，而是嫉妒那个玉人。

甘夫人看到刘备这个样子，经常想把这玉人毁掉，于是劝诫刘备说："当初子罕不把白玉当作宝，《春秋》对其大加赞美。如今吴国和魏国尚未消灭，怎能把这种妖物放在怀里玩呢？荒淫惑乱会产生怀疑，希望你以后不要这样。"刘备听到甘夫人这番话，深感惭愧，于是把白玉美人搬走。当时的君子们听说此事，都对甘夫人大加赞赏，他们都称赞甘夫人是位"神智妇人"。

刘备虽然对甘夫人非常宠爱，但在危难关头，刘备对待妻儿的态度与他那位老祖宗刘邦相差无几。

刘备与甘夫人新婚不久，吕布趁刘备与袁术鏖战时袭击下邳，甘夫人被俘，刘备转驻广陵、海西。糜竺与陈登辗转找到刘备，为了安慰刘备，糜竺便将妹妹送给了刘备，并将家产倾囊而出充作军资。刘备正是穷困潦倒的时候，好像天上掉下一个馅饼，不仅使危军复振，而且还得到一个美女相伴。他写信给吕布请他送还家眷，互释嫌疑。吕布只是为了得到徐州的地盘，与刘备本来没有什么个人恩怨，便做个人情，将家眷送还给刘备，并且还让没有地方安身的刘备驻扎在徐州的小沛。甘夫人回来后才发现，刘备战场失意情场得意，又娶了一个小妾，不过古代男人三妻四妾倒也正常，因此也没大吵大闹鸡飞狗跳。吕布归还了甘夫人，但是刘备与吕布已经互生嫌怨。建安三年春，吕布派人去河内买马，半路上被张飞将马匹都抢走了，吕布正好有了借口，便遣部将高顺、张辽率兵攻打小沛。刘备知道自己的力量不支，飞书向许都的曹操求救。

论打仗，刘备哪里是吕布的对手，曹操大部队还没到来，刘备的队伍和曹操的先锋部队就已陷落，刘备再一次单身逃遁，甘夫人又一次落入吕布之手，这一次，还多了个糜夫人。

刘备跑到了梁地，正仓皇穷蹙的时候，曹操亲自督兵前来救他。这一次马到功成，吕布被吊死在白门楼，甘夫人和糜夫人侥幸逃出生天，回到刘备身边。

衣带诏事件发生以后，刘备叛离曹操，躲到了徐州。曹操亲自东征刘备，刘备又被打败，逃往青州投奔袁绍的儿子袁谭，关羽被擒，甘夫人和糜夫人再一次双双被老公丢下，成了人妻控曹操的俘虏，好在有关羽在侧守护。

后来，经过多方打探和验证，关羽得知刘备人在河北袁绍处，于是带着甘夫人和糜夫人一起逃离曹营，回到刘备身边。这时，正是官渡之战时期，袁绍虽然拥有兵力上的绝对优势，但在与曹操的交战中并没有占到多大便宜。刘备越看越觉得形势不妙，有了离开袁绍的打算。他暗中派人去荆州联络感情。刘表对刘备的投奔表示了热烈的欢迎，亲自率众出城迎接，厚相接待，不过却没有重用刘备，只安排他驻扎新野，成为自己的北藩。甘夫人就在这个时候，生下了阿斗。刘备和老婆孩子也算过了一段安稳的日子。

曹操北征乌丸后，亲自率军南下荆州。不久，刘表病逝，次子刘琮继位后即不战而降，却不敢将此事告知给刘备，刘备对此事也并不知情。刘备有所发觉后，遣人去问刘琮，刘琮令宋忠召刘备宣旨。而当时曹操军已经到达宛城，刘备听闻大惊，又耻杀宋忠，于是率众逃亡。

曹操派遣曹纯率领五千号称天下骁锐的虎豹骑追击刘备军。刘备军与民众十余万，粮食辎重繁多，行军迟缓，曹军虎豹骑在当阳长坂追上刘备军，刘备军虽拥大众，但披甲者少，迅速被曹操军击溃，慌乱中，刘备又一次丢下了老婆孩子，仅率赵云、张飞、诸葛亮等数十骑逃之夭夭。幸亏赵云发现两位夫人没有跟上来，及时返回，保护甘夫人和刘禅，舍命与曹军拼杀，才使得甘夫人与刘禅幸免于难。至于糜夫人，《三国演义》中说她为了不拖累赵云，投井自尽，而正史中，糜夫人至此便未再提及，至于她是生是死，死于何时，都是个谜。

赤壁之战后，刘备占据了大半个荆州，甘夫人也就此告别了颠沛流离、屡屡被弃被俘的苦难命运，然而，如花似玉的她却在此时得了重病，不治而亡。这一年，她才 21 岁。

甘夫人死后，刘备又先后娶了孙夫人、吴夫人，但我们从头数来，除了吴夫人，貌似跟随刘备的女人命运都不太好。至于甘夫人，她从嫁到死，虽为刘备诞下后主刘禅，但名分也不过是刘备的一个小妾。而刘备呢，那一句非常出名的话，"兄弟如手足，老婆如衣服"，似乎在这个枭雄眼里，女人的地位永远比不上他的事业、他的兄弟。

直到甘夫人故去多年以后，刘备兵败夷陵，退居永安宫，感觉自己离大去之日不远了，才想起那个与他耳鬓厮磨，共患危难的如花美眷，这一思念，如黄河泛滥，一发不可收拾。于是下诏，追封甘夫人为皇思夫人，迁甘夫人灵柩到蜀国安葬，从此以后甘夫人才有了个有分量的名分。

刘备死后，根据他的遗愿，甘夫人与他合葬在了惠陵。刘备戎马一生，见过很多女人，也娶了很多女人，唯有甘夫人最清苦。她出身普通人家，很识大体，很懂事，给刘备带来了很大的帮助。遗憾的是，她没能看到刘备称帝的那一天。

刘备死后，诸葛亮上表刘禅，追谥甘夫人为昭烈皇后。生不能享福，死后也算有了个皇后的名分。

夫恨兄嫌，孙尚香这辈子真难

孙夫人，现在广为流传的名字是"孙尚香"，至于真实名讳，正史及野史中均未提及。

在小说中，孙夫人身世大致与正史一致，是枭雄孙权的妹妹，在赤壁大战之后嫁给刘备，后被接回东吴，然而细节与结局多有所不同。

在被称为《三国演义》之祖的《三国志平话》中，周瑜上书孙权，教使"美人计"，进权妹予刘备为孙夫人，打算让孙夫人刺杀刘备。然而孙夫人看见了神迹，于是放弃了东吴的暗杀计划，助刘备返回。后来刘备入蜀，孙权遣舟船以迎孙夫人，夫人带着后主刘禅回吴，幸得赵云与张飞勒兵截江，方重夺刘禅。并被张飞辱骂，于是羞惭投江而死。

在罗本的《三国演义》中则称孙坚与吴国太有一女，名为孙仁，可能就是下文的孙夫人。吕范曾称孙夫人"美而贤"。周瑜同样欲使"美人计"，不过目的变成了诱刘备丧志而疏远属下。在吴国太和诸葛亮的锦囊妙计安排下，假婚成真姻。后面事迹基本相同，但孙夫人没有被张飞骂死，此后孙夫人也没有再出现过。

我们知道，小说和真实的历史总是有些出入的。

历史上，周瑜建议扣押刘备，确有其事，也曾想过使用美人计，但要使用的美人不是孙夫人，这一计策也没有被采纳。当时，周瑜上书孙权说："刘备是个枭雄级别的人物，而且有关羽、张飞熊虎之将辅助，肯定不会久居人下。我觉得应该把他骗到东吴来，给他盖华丽的房子，多赏赐他一些江南美女，让他玩物丧志，与关张二将疏远。"但孙权认为，曹操在北方势力太大，现在应该广揽英雄；而刘备又绝非可以轻易制服的人，所以没有采用周瑜的意见。

历史上，孙权也确实把妹妹嫁给了刘备，但并不是要打荆州的主意，而是因为赤壁大战之后，刘备的势力和声望越来越大，孙权想要和他交好，共同对付曹操。

事实上，这就是一桩不折不扣的政治联姻，而孙夫人，不幸成了政治博弈的牺牲品。

孙夫人当初钟意刘备吗？不得而知。我们以常理推断，一个青春正茂、云英未嫁的少女，又是江东郡主、金枝玉叶，让她去嫁一个年过半百、数婚再娶，而且传闻"克妻"的糟老头子，她真的愿意吗？纵然这个人和皇族有点沾亲带故，而且名声还很不错。但在当时，天下英雄论长相、实力、年龄优于刘皇叔的，也不是找不到。

奈何，身在这样的人家，往往身不由己。她的婚姻掺杂了太多的政治与利益因素，这也就注定了她婚姻的不美满。

据史书记载，孙夫人不仅容貌端庄，而且才思敏捷，又有着和父兄一样的刚猛个性。她和刘备的婚姻也不像演义中说的那样，美女爱英雄，夫唱妇随。而是"侍婢百余人，皆执刀侍立。备每入，心常凛凛。"颇有巾帼英雄气息的孙夫人，竟在自己宅内安排了100多名手执利刀的侍女，于是刘备每次到这里来，心里都忐忐忑忑。《资治通鉴》中对这段话有个评语，"恐为所图也"。从侧面，我们似乎也能看出，他们二人的夫妻关系并不太好，虽说是亲人，彼此却都有着对待敌人般的猜忌和防范。也正因为这个原因，法正一直劝说刘备与孙夫人保持距离。

这个时候的刘备，可以说根本体会不到新婚宴尔的愉悦，他北畏曹操之强盛，东惧孙权之威胁，而身侧的孙夫人就仿佛闺中的敌国，一道被刘备视为的祸患。

后来，刘备索性以"以权妹骄豪，多将吴吏兵，纵横不法"为由，新建了一座城，让孙夫人带着她的从属独自去居住，这座城被后人称作"孱陵城"或"孙夫人城"。这还不放心，又让大将赵云专门负责管理。以现在的思维来看，与其说是管理，倒更像是看守。也有说法称，此城是因为孙夫人猜忌刘备，所以自己筑城，不与刘备同住。在刘备的地盘自己筑城，和刘备闹分居，如果刘备不同意，似乎不能成立。但不管怎样，这二人的夫妻关系显然是称不上恩爱的。而他们短暂的婚姻也随着刘备的出征，画上了句号。

建安十六年（公元211年），刘备率大军西进益州，孙权闻知，便派遣舟船来接孙夫人回娘家，并叮嘱将刘备的儿子阿斗也带回东吴。后来赵云、张飞"勒兵截江，乃得禅还"。从此，孙夫人和刘备的姻缘一刀两断。

至于她为什么要抱着阿斗回去。有人说，是为了给东吴带回去一个人质，有人说，是与孩子有了感情，舍不得分离，又想着回娘家看看就回来，所以便带了去。至于真实情况，已然不得而知。只知这一别，她与刘备便是阴阳两隔。

　　重返东吴的孙夫人当时才20出头的年纪，而在那个没有处女情结，甚至可以说人妻很抢手的时代，无论是正史还是野史，都没有关于孙夫人再嫁的只言片语。也就是说，很有可能，从这时起青春年少的孙夫人就开始过上了"守活寡"的生活。也许在此后漫长的岁月中，孙夫人要承担的不单单是孤独与寂寞，还有来自方方面面的压力——在东吴人眼里，她始终带着敌人刘备的印记，而在蜀汉看来，她是里通东吴、背弃丈夫、劫持幼主不良妇人。所以刘备称帝后，并没有给她任何封号，阿斗即位后，也没有对她进行追封，蜀汉的史官仅称她为"夫人"，并未给她单独立传。这个因为兄长和丈夫相互博弈而被牺牲的女人，最后反而被兄长和丈夫所不容。

　　或许是出于对这位苦情女子的同情，民间并不觉得她应该被张飞骂死，因为这一切似乎并不是她的错。所以一直流传着她在刘备亡故后投江而死的故事。人们还为她建造了不少祠庙，或称枭姬娘娘，或称灵泽夫人。也许，孙夫人的在天之灵多少会得到些慰藉吧。

东风不与周郎便，铜雀春深锁二乔

　　话说江东庐江郡人乔玄有两个女儿，即大乔和小乔。姐妹俩天生丽质，美得像两朵花，特别令人叫绝的是，她们二人的美都本自天然，从不用涂脂抹粉，可是脸庞却总是似桃花般鲜嫩，白净中透着红润。甚至她们洗过脸的水都是粉红粉红的，日久天长，把门口的井水都染红了，当地人于是称这口井是"胭脂井"。两人恰似仙女下凡，而小乔生得比姐姐更胜一筹，真是人见不愿走，鸟见不愿飞，月亮想与她比容，花儿欲与她赛貌。姐妹俩不仅窈窕多姿，还博学多才，精通文墨，非同一般女子，所以远近闻名。

再说东吴有两位声名显赫的英雄，周瑜和孙策。周瑜家住舒城，而汉末大乱，吴侯孙坚把家小送到舒城避乱，孙、周二家正是邻居。孙策和周瑜两个人，每天一出门便见面，一见面就在一起玩，成为非常要好的朋友。两人同年，孙策只大周瑜两个月，都长得魁梧英俊、仪表堂堂。两家一合计，共同为他们请了一个文武双全的老师，每日教他们习文练武，于是孙策和周瑜便成了师兄弟。

这一年，孙策和周瑜都已长到十八岁，学成业就，先生非常欢喜，跟周瑜和孙策的父母商量以后，带着两个弟子去乔家提亲。先生深知两个学生天资聪颖，又勤奋好学，日后定能成大器，非美女佳人不能匹配。乔玄见两个年轻人魁梧英俊，与两个女儿十分相配，心中暗许。

唐代著名诗人杜牧曾写过一首脍炙人口的诗《赤壁》，全诗如下：

折戟沉沙铁未销，自将磨洗认前朝。

东风不与周郎便，铜雀春深锁二乔。

最后两句意思是说如果周瑜不是借助东风发动火攻而打败了曹操，东吴很有可能战败，那样的话，江东二乔也会被掳到铜雀台充当曹操的玩偶了。虽然赤壁之战并不是为了二乔，但如果曹操打赢了掳走二乔也不是没有可能。这就给多情而又富有想象力的艺术家们想象空间，他们按照各自的美学观点去理解杜牧的诗，并大加引申，创作出形形色色有关二乔的绘画、诗词、戏曲、小说。其中，影响最大的自然是罗贯中在《三国演义》中的艺术虚构。

罗贯中并没有模糊赤壁之战的重要政治意义，但出于"尊刘贬曹"的

篇十 看罢三国枭雄争霸，再品红颜异卉奇花

思想倾向，他有意突出曹操"好色之徒"的形象，渲染了曹操窥觑二乔美色的主观意图。罗贯中在《三国演义》第 44 回和第 48 回两个篇章中，都不是要写二乔，但无意之中却从不同的侧面映衬出二乔惊人的美丽。对于二乔，罗贯中却始终惜墨如金，以至于后人只知其姓，不知其名，实在是一大憾事。此外，有关二乔的身世和归宿，《三国演义》中也交代不详，这就更使得两位美人的生平事迹充满了传奇色彩。

那么，曹操有没有可能窥觑二乔的美色呢？非常有可能！

首先需要说明的是，诸葛亮智激周瑜的那句"揽二乔于东南兮，乐朝夕之与共"是不成立的，历史上没有这一段，纯粹是罗贯中先生为了创作需要而杜撰。因为曹操建铜雀台的实际年份是公元 210 年，而赤壁之战发生在公元 208 年，时间上对不上。

但是，我们不能说曹操建造好铜雀台以后，没有过这个心思。

曹操喜欢别人媳妇，这是公认的事情，他的女人中常有"战利品"，如秦宜禄的妻子杜夫人，张绣的婶婶邹夫人，当然，还有那个他想据为己有却被儿子截胡的甄宓，二乔国色天香，号称三国美女之首，又是死敌孙权的嫂子与周瑜的妻子，按照曹操的嗜好，他建好铜雀台以后，有没有想过揽二乔呢？并不能排除这种可能。

我们可以想象一下，倘若东风不与周郎便，倘若曹操赤壁之战大获全胜，倘若曹操在建造好铜雀台以后又一次挥兵征讨东吴，并成功了，那么，二乔最终的归宿似乎就真的不需要猜想了。

再说二乔。

一对姐妹花，同时嫁给两个天下英杰，一个是雄略过人、威震江东的"孙郎"，一个是风流倜傥、文武双全的"周郎"，按照传统看法，堪称郎才女貌，美满姻缘了。

然而，二乔是否真的很幸福呢？史书上没有说。不过，从有关资料分

析，至少可以肯定，大乔的命是很苦的。她嫁给孙策之后，孙策忙于开基创业，东征西讨，席不暇暖，夫妻相聚之时甚少。仅仅过了一年，孙策就因被前吴郡太守许贡的家客刺成重伤。孙策生命垂危，回到吴国，使人寻请华佗医治。不料华佗已往中原去了，只有徒弟在吴国。徒弟说："箭头有药，毒已入骨，其疮难治。"可怜孙策没有死在激烈的战场，而是死在一个穷途末路的人手中，年仅26岁。

孙策死时，周瑜守御巴丘，得到快报，星夜赶回来奔丧。吴太夫人领着孙权出来，当面将孙权托付给周瑜。

当时，大乔充其量20出头，青春守寡，真是何其凄惶！从此以后，她只有朝朝啼痕，夜夜孤衾，含辛茹苦，抚育遗孤。岁月悠悠，红颜暗消，一代佳人，竟不知何时凋零！

小乔的处境比姐姐好一些，她与周瑜琴瑟相谐，恩爱相处了11年。在这11年中，周瑜作为东吴的统兵大将，江夏击黄祖，赤壁破曹操，功勋赫赫，名扬天下；可惜年寿不永，在准备攻取益州时病死于巴丘。一代名将，才36岁，竟然就这样死去了。

当时，小乔不过30岁，乍失佳偶，其悲苦也可以想见。周瑜留下二子一女，是否皆为小乔所生，史无明文，由于周瑜的特殊功勋，孙权待其后人也特别优厚：其女嫁给孙权的太子孙登，若不是孙登死得早了一点（亡年33岁），当皇后是没有问题的；长子周循，娶了当朝公主，拜骑都尉，颇有周瑜弘雅潇洒的遗风，可惜"早殇"；次子周胤，亦娶宗室之女，后封都乡侯，但因"酗淫自恣"，屡次得罪，废爵迁徙，不过最终仍被孙权赦免，后生病而亡。

当然，有关二乔和孙策、周郎的故事，很大程度上属于后人的美好愿望。从史书的"纳"可以看出，二乔在家中的地位仅仅是妾。在那个时代，妾就算再受宠，在家中也没有地位可言。妾的名字不能入家谱，也不能同丈夫一起参加宗族祭祀活动，妾的家族也不能归入丈夫的姻亲之列。不过对于乱世中的二乔而言，能嫁给天下闻名的英雄，也算是一个不错的归宿了。

岁月悠悠，红颜暗消，一代佳人，孤寂凋零！姐妹俩只有在无边寂寞、无穷追忆之中消磨余生了。"自古红颜多薄命"，相对死于非命者，二乔总的来说算不得大不幸，但她们同样也掌握不了自己的命运！

可能很多人不知道，在安徽潜山县，有一个关于"胭脂藕"的传说，其中涉及大、小乔的归宿问题。别处的藕是白色，而潜山的藕却带浅浅的粉红色，据说那一带原先不产藕，是由大、小乔兴起来的。故事是这样的：

吴侯孙坚死了以后，传位给孙策。孙策骁勇善战，身先士卒。有道是大将难免阵前亡，他在一次交战中身负重伤，临死前，传位给弟弟孙权，嘱咐他一要将东吴治理好；二要把寡嫂照顾好。

古语说，"老嫂如母"。孙权对大乔十分敬重。不管国事多忙，每天都要前去向她问安。时间长了，大乔很过意不去，便提出要回归故里，安居乐业，孙权再三挽留，后来只好答应。

临行前，大乔什么也不要，只让孙权给准备好了一大车藕种。她说："我到建业这些年，最喜爱这里的荷，它不但高洁无瑕，而且通身是宝，所以想把它带回家乡去种，也让乡亲们受点益。"

回到故里后，大乔在老宅附近，开了几十亩水塘种藕。她虽然不施粉黛，可洗脸水总是红色的，泼入荷塘，天长日久，藕也慢慢变成粉红色了。后来，周瑜因操劳国事，积劳成疾也死了。小乔跟大乔一样，也回到故里，跟姐姐一起精心培植莲藕，还年年把藕种分给乡亲。几年下来，荷塘越开越多，因为藕都是粉嘟嘟的，人们称它作"胭脂藕"。又因为这藕是二乔传下来的，人们又叫它"美人藕"。

无端嫁得薄情郎，甄洛真的很受伤

甄洛，曹丕的媳妇，曹植的嫂子，曹操的儿媳妇，很多人说，她才是三国第一美女。因为貂蝉，只是投怀送抱，让小人着迷；二乔，虽然天姿国色，但史学家对其不过寥寥数笔，她们的名声更多是凭借那两位千古风流的夫君；而甄洛却能让三国第一枭雄、三国第一位王朝建立者、三国第一才子父子三人着迷，这才是真正的天香国色。当然，关于甄洛和曹家父子扑朔迷离的关系，只是后人的臆断和推测，但甄洛，的确美得让人惊艳。

甄洛幼年丧父，然而她并没有因此显得缺乏教养。8岁那年，家门口来了杂技团，家里人和几个姐姐都爬上阁楼扒着窗户看，只有甄洛安静如初。杂技团走过以后，姐姐们都像看怪物似的看着她，甄洛却说："这些杂耍不应该是女人看的。"说这样的话，并不表示她守旧，而是她明白，看杂耍对女子而言并没什么用，只是凑热闹罢了。

甄洛还非常喜欢读书写字，常常借用哥哥的笔墨纸砚，哥哥有意逗她，说："你应该多学学女红，针线活才是女人的本分，读那么多书干什么？难道想当女博士？"甄洛一本正经地回答："凡是古代贤淑的女人，没有一个不是从前世的成败中吸取经验教训，引以为戒，不读书又能学到什么？"

当时有会看相的人曾说："这个女孩子将来一定贵不可言！"

那个时候，天下大乱，灾荒连年，老百姓们为了有口饭吃，纷纷卖掉家中值钱的东西。甄家是大户，甄洛的父亲和爷爷都做过官，家里有几年都吃不完的存粮，于是家人乘人之危以粮食换金银珠宝。十几岁的美少女甄洛知道后皱起了眉头，说："现在世道这么乱，为什么要买那么多宝贝呢？难道没有听说过'匹夫无罪，怀璧其罪'？这些都是引来灾祸的不祥之物啊！"接着，她又劝母亲把家里的粮食都捐出来赈济乡亲，广布恩惠。家里的大人很是惭愧，觉得自己的思想觉悟还不如个少女，于是开仓放粮，济人危难。

甄洛14岁那年，二哥去世，二嫂悲痛欲绝的同时还要含辛茹苦地操持家事，抚养子女。甄母性格严厉，对几个儿媳妇不是很好，甄洛几次劝母亲："二哥不幸早死，二嫂年纪轻轻就守寡，照顾唯一的孩子，道理上讲，您对待她要当成是儿媳妇，爱护她像自己的女儿。"被甄洛这么一说，老太太也觉得自己太不近人情了，之后真的就把儿媳妇们当成女儿一样看待。

这种美若天仙又善良得如菩萨一般的女子，万里也挑不出一个来！袁绍听说甄洛的种种事迹以后，便为自己的次子求婚，于是，甄宓嫁给了袁熙。

建安九年（公元204年），甄洛原本安定平和的生活被打破。这一年，曹操率军攻陷邺城，曹丕不顾父亲的禁令，带兵闯进袁绍府中，一进正堂，就看到一老一少两个妇女正抱在一起痛哭。曹丕认得老年妇女是袁绍妻子刘夫人，再看身旁那女子，虽然穿着粗布衣裳，蓬头垢面，但依然遮不住玉貌花容的光华，曹丕一霎时由杀气腾腾的修罗，变成了温柔多情的公子。他轻轻挽起甄洛的发髻，用衣袖仔细地、轻轻地拭去甄洛脸上的污垢，但见甄洛"玉肌花貌，有倾国之色"，曹丕当时就醉了，连忙改口说："我是丞相的儿子，是专门来保护你们的。"说完，按着宝剑坐在屋中，当起了佳人的护花使者。

曹操来到袁府以后，看到甄洛的第一眼也被打动了，又看见儿子在一旁正襟危坐，守护袁氏婆媳，心中了然，发自内心地赞叹了一句"这才能够当我的儿媳妇啊！"于是为曹丕做主，纳了甄洛。

《世说新语》上另有说法。说曹操打下邺城的第一件事就是召甄洛来见，至于目的，估计是为了在收编敌人部队的同时，收编敌人的女人吧，毕竟，他一直都是这么做的。谁知，左右告诉他，您儿子已经去了。事已至此，曹操来到袁绍府中看到曹丕时，只得改口说："老子这次打仗就是为了帮你小子抢甄洛！"但对甄洛的特殊感情，一直压抑在心中，而在有生之年，他一直对甄洛照顾有加。关于此种说法，不知真假。

曹丕初得甄洛，自然喜爱得不得了，小夫妻之间的事情不做赘述，没几年，甄洛先后为曹丕生下儿子曹叡和女儿东乡公主。甄洛虽被曹丕专宠，但骨子里的那份贤良和温婉一直未变，她承担起了曹丕贤内助的角色，对曹丕妻妾中有宠的，劝勉她们努力上进，对无宠的，安慰开导，并常常建议曹丕说："古时黄帝子孙繁盛，是因为妻妾多的缘故。所以夫君也应该多娶出身优越美好的女子，让子嗣旺盛。"曹丕听了心里非常舒服，这种不争风吃醋的女子，哪个男子不喜欢？

曹丕的原配夫人任氏，原是大户人家的千金小姐，性格任性，有点小霸道，总和曹丕闹矛盾。甄洛来了以后，曹丕更加冷落她，二人的关系已然无法愈合。曹丕当上世子以后，更觉得忍无可忍无须再忍，于是打算一纸休书将她扫地出门，甄洛连忙劝解："任姐姐是乡党名族，不论德、色，我都比不上，为什么要休她？"曹丕说："这女人太任性，性子急，不温柔，心中对我的怨恨已久，所以必须休了她。"甄洛急哭了，说："我受你宠爱，所有人都知道，他们肯定会说你休任姐姐是我捣的鬼。往上我怕公婆说我自私，往下其他妻妾会数落我受专宠之罪，希望你能重新考虑！"但是，曹丕并没听从劝告，还是将任氏给撵了出去。

建安十六年（公元211年），曹操西征，随行的卞夫人途中生病，甄洛随着曹丕留守邺城，相隔遥远不能侍奉问安，心中担心不已，常常流泪。

身边的人告诉她,说卞夫人病好了,甄洛不信,伤感地说道:"夫人在家,老毛病常犯,每次都得很久痊愈,现在怎么好得这么快?你们不用这样安慰我!"这样一来,她反而更加忧心了。后来得到卞夫人来信,说身体已经恢复,甄洛才开心起来。

大军回到邺城,甄洛赶紧出城迎接,看到卞夫人之后思念和欢喜之情一起涌了上来,情不自禁流下眼泪,周围的人无不被感动。卞夫人见甄洛这么关心自己,也忍不住流泪,说道:"真是难得的孝顺儿媳啊!"

曹丕称帝以后,收纳了汉献帝的两个女儿,又有一直备受宠爱的郭贵嫔在侧,逐渐喜新厌旧,甄洛红颜未老恩先断,新人在笑,旧人在哭。

郭贵嫔,即郭女王,后来的文德郭皇后。据说,她从小就有与众不同的言谈举止,因此父亲很是看重,曾感叹道:"此乃吾女中王也。"说她有"女中王"的气度,便在闺名之外,为她取字为"女王"。

郭女王的少女时代非常不幸,是在颠沛流离中度过的。她的双亲和兄弟都在乱世中不幸死去,她自己则由官宦之女没落在铜鞮侯家中。建安十八年,她因美貌得以进入曹丕府邸,郭女王的聪颖明慧、理智冷静很快引起了曹丕的注意,并且崭露头角。为曹丕夺取魏王世子之位多有助力,所以很受曹丕喜爱。

甄洛的聪明,更多地表现在家庭内部,而郭女王却拥有参与政治斗争的智谋。在曹丕与诸兄弟争夺魏王世子的过程中,郭女王屡出奇谋,为丈夫出谋划策,所以史书中才将曹丕的登位加上了一句"后有谋"。毕竟,皇位争夺中有太多不能对外人言的阴谋诡计,所以仅一句"后有谋"就代表了许多。郭女王的才智谋略,为曹丕的最后胜出乃至最终称帝铺开了一条广阔的道路。

曹丕最终如愿以偿地当上皇帝,不用说,郭女王在他心目中更是旺夫之极。因此,在随后的册立皇后问题上,曹丕迟迟没有做出决定,他事实上已经偏向了与自己情投意合的郭女王。

而对年纪已将四旬的甄洛来说,更糟的还不仅仅是同样已不年轻的郭女王。自打曹丕称帝,他身边的美女便层出不穷。希望巩固权位的将相大臣们都上赶着把自己家的女儿往魏宫里塞。很快,在这群年少的美女中,又有李贵人、阴贵人成为曹丕的新宠。

远在邺城连丈夫的面都见不着的甄洛,实际上已经陷入了四面楚歌的绝境。

甄洛既是曹丕长子长女的生母,更大得婆婆的欢心,按道理应该成为曹魏后宫的皇后。可是事实却让很多人惊讶不已。曹丕仅封甄洛为"夫人",却同时也封郭女王为"贵嫔"。

在曹魏初年有夫人、昭仪等五等,后增为十二等,以贵嫔、夫人为最高,以下依次为淑妃、淑媛、昭仪、昭华、修容、修仪、婕妤、容华、美人、良人。贵嫔是曹丕设立的新的等级,地位仅次于皇后。也就意味着此时郭贵嫔的地位已经超过了甄洛。

更糟糕的是,此时的甄洛已经整整两年没有见过曹丕一面了。这时,人人都能看到甄洛的处境,也都知道曹丕对她的感情基本上已经所剩无几。想来,后宫中的诸位美人对甄氏这位正室的攻击不可能少了。

无法肯定地说,郭女王没有参与这些攻击,但从她的智慧与为人来看,她绝不是攻击得最凶恶的那一个。毕竟,曹丕不是傻子,你攻击得越起劲,越有可能给他留下心肠歹毒的印象,深谙政治博弈的郭女王不可能不明白这一点。

在曹丕当上皇帝的第二年,守着活寡的甄洛便有了怨言,这些话不知怎地传到了曹丕的耳朵中,他勃然大怒,由洛阳遣使者前往甄洛独居的邺城旧宫,赐死了她。这还不算,曹丕还冷血地侮辱她的尸体,令将其尸体"被发覆面,以糠塞口"下葬。

篇十 看罢三国枭雄争霸，再品红颜异卉奇花

可怜一个绝色美人，不但香消玉殒，连死都不得体面。

历来文人爱美人，甄洛恰是一位国色天香的绝世红颜，而人们又往往喜欢把这种罪责归于后宫争宠，一定要找个女人来背罪责。因此，郭女王似乎就成了甄洛死亡的罪魁祸首。然而事实上，就算郭女王有意争宠、迫害甄洛，倘若曹丕对她还有半点情义，她的结局也不会如此凄惨。说到底，还是多情女子遇到了负心汉。

我们说甄洛，就不能不提一提曹植，因为不管是野史、坊间传说还是影视作品，都爱把这两个人联系在一起，描绘出许多缠绵悱恻的故事来。那么，真实的历史上，甄洛和曹植之间到底有没有不足为外人道的小故事呢？

最早传出甄洛与曹植有不伦之恋的，是唐代李善在《昭明文选》中为《洛神赋》注解时讲的一个故事：

故事说，甄洛进入曹家以后，曹植以年龄小又不喜争战，遂得以与甄洛朝夕相处，两人日久生情，彼此爱慕。甄洛死后，曹植到洛阳朝见哥哥，曹丕拿出甄洛用过的金缕玉带枕给他看，曹植睹物思人，痛哭流涕。晚间，曹叡请叔叔吃饭。曹植看着侄子，想起甄洛之死，心中酸楚无比。饭后，曹叡就将金镂玉带枕送给了曹植。

在返回封地时，夜宿舟中，恍惚之间，遥见甄妃凌波御风而来，曹植一惊而醒，原来是南柯一梦。回到鄄城，曹植脑海里还在翻腾着与甄妃洛水相遇的情景，于是文思激荡，写了一篇《感甄赋》。曹叡继位后，为避母名讳，遂改为《洛神赋》。而曹叡对他那位才华横溢的叔叔，也有了仇视之心，因而一而再、再而三地转换他的封地，曹植四处漂流，"恍如飘萍，不堪颠沛之苦，遂寂寂无欢而死"。后人有诗云："君王不得为天子，半为当年赋洛神。"

这是个感人至深的故事，甚至连背景都交代的清清楚楚。然而从年龄上看，这个故事似乎并不成立。正史上，甄洛跟随曹丕那年，21岁，曹植

只有13岁，还是个什么都不懂的小屁孩。所以坊间"曹植先倾慕甄洛，只是被曹丕捷足先登"的说法，不太经得起推敲。

再看曹丕的态度。曹丕当上皇帝以后，对于曹植可以说处处提防，步步紧逼，巴不得找个借口将其置之于死地。就看这个情势，倘若曹植和甄洛之间有一丝说不清的瓜葛，他就绝不会有活路。

退一万步说，曹丕明知道自己的弟弟爱慕自己的媳妇，就算他大度不计较，和刘备一样"兄弟如手足，女人如衣服"，也不至于在甄洛死后，还把她的遗物拿出来给曹植看，硬生生把自己帽子上的颜色再染一染吧。

再说说曹叡，后世给他的评价是处事沉着、刚毅，明识善断，他即位不久就政由己出，使几个辅政大臣形同虚设。这样的一个人，怎么会拿着母亲的遗物送给传言有私情的叔叔？

要知道，曹丕和曹叡父子，可没有一个是智障。更何况，曹丕的小气、猜忌、心狠是出了名的，怎么可能容忍这样的事情。所以，甄洛和曹植有不伦之恋，可能性不大。或许是人们觉得，只有这样的才子，才能配得上这样的佳人吧。

东吴之乱，几乎都与这个女人有关

那时候孙权还年轻，纳了淮阴美女步氏，步氏为人温和，不骄不妒，宫中人都非常喜欢她。

步氏虽不是孙权原配，却是孙权最宠爱的女人。然而，步氏并没有给孙权诞下麟儿，只生了两个女儿：孙鲁班与孙鲁育。也正因如此，孙权称帝时，想立步氏为皇后，遭到群臣反对，认为步氏一非原配二无子嗣，请奏立长子孙登的母亲徐氏为后。孙权拗不过满朝文武，索性就不立皇后了。

虽然没有正式当上皇后，东吴宫中所有人、包括孙权都将步氏称作皇后。依步氏的为人来看，她生养的女儿品性应该也不会太差，可事实上她的长女孙鲁班，几乎可以说是三国中最恶毒的女人。这，大概是随了孙权吧。

或许是因为步夫人的原因，所谓爱屋及乌，孙权对孙鲁班和孙鲁育也极为宠重。

黄武年间，孙权为太子孙登聘娶周瑜之女为太子妃，又将周瑜长子周循召为孙鲁班的驸马。

周循有这样一个堪称千古风流人物的爹，还有一个天香国色的妈，以及这样耀眼的家世，小伙子想必是当年东吴少女们心目中的白马王子，事实上，史书也记载，周循颇有周瑜之风，文武全才。

嫁了这样一个如意郎君，小姑子又极有可能是未来的皇后，夫君的前途可以说无可限量，自己的身份也将无比荣耀，孙鲁班这时一定是非常得意的。

然而，天有不测风云，事情说变就变了，美好的梦景说破灭就破灭了。先是丈夫周循结婚没多久就病死了，留下年纪轻轻的孙鲁班独守空房；接着，她觉得可以倚重的妹夫兼兄弟孙登，也死在了老爹孙权的前面。孙鲁班这时的世界应该是坍塌的，仿佛一下子成了被世界抛弃的女人。

孙权心疼女儿，不忍心她年纪轻轻守活寡，就又为她物色了一个丈夫。这个丈夫全琮也不错，其父全柔是孙氏宿将，也是世家。全琮本人富有谋略，年轻时便已远近显名，因功封卫将军、左护军、徐州牧，娶了孙鲁班以后，又一直做到大司马，其功名成就远在周循之上。因为嫁给了全琮，孙鲁班在史书上又有了一个"全公主"的称号。

事情发展到这个阶段，一切正常，孙鲁班如果安安分分地做个全夫人，东吴朝堂也许就会少了很多血腥，然而，一切从"二宫并阙"以后，彻底变了。

"二宫并阙"，前面我们讲过，是孙权老年时办的一件糊涂事，导致东吴朝堂朋党相争。当时支持太子孙和的，多是正人君子，其中就包括孙鲁班的妹夫、孙鲁育的丈夫骠骑将军朱据；支持孙霸的，多是皇亲国戚，比如孙鲁班母亲的娘家人步骘、孙鲁班的现任丈夫全琮、孙鲁班的堂侄孙峻等等，这个孙峻和孙鲁班后来发生了很多难以启齿的故事。

按照阵营来看，孙鲁班应该是支持孙霸的。但不是，她两个都不支持，应该说，她两个都反对。问题就出在孙和和孙霸的母亲王夫人身上。

究竟是什么时候、什么原因，谁也说不清，孙鲁班与王夫人结下了不知什么仇、什么怨。估计是后宫女人之间一些鸡毛蒜皮的小事吧。总之，孙鲁班看王夫人很不顺眼，自然也觉得王夫人对自己很不友好，于是生怕王夫人的任何一个儿子当上皇帝，自己没有好果子吃，于是极尽挑拨之能，在孙权耳边大说王夫人和太子的坏话。于是就有了"王夫人在孙权卧病时面露喜色"的故事。

赤乌十二年（公元249年），全琮病死。和自己意见相左的丈夫死了，孙鲁班终于可以大展拳脚了。

这个时候的孙鲁班已然半老徐娘，再嫁高位权臣、世家子弟的可能微乎其微，她索性也不再嫁了，转而寻找"志同道合"的伙伴。

她的这个伙伴就是孙坚的弟弟孙静的曾孙孙峻，按辈分应该叫孙鲁班堂姑妈。孙峻这个人长得一表人才，年少时就显现出骁勇果敢，精明强干，胆大刚决的一面，又因为是皇族中人，很受孙权器重。不过孙峻的人品不咋地，他在东吴后宫出出入入，经常和孙权的侍妾乱搞男女关系，只是瞒得比较严实，老昏的孙权一直不知道。

孙鲁班和孙峻两个人，各有所图，看着对方也都顺眼，没什么扭捏和害羞就在一起了，做出来很多辣眼睛的事情，有违人伦，此处就不细表了。

这两个同样心肠狠毒的人躺在床上一商量，很快就在太子人选上达成了共识——皇七子孙亮。

因为被孙和和孙霸的事情闹得极为头疼，孙权这时已有了改立孙亮的想法，所以对孙亮很是留心。孙鲁班敏感地捕捉到了这个信号，于是和孙峻商议，由孙鲁班出面鼓动孙权让孙亮娶了自己夫家人全尚的女儿小全氏，而全尚的妻子正是孙峻的姐姐，然后，两个人一里一外为孙亮唱赞歌。这样一来，倘若孙亮登基为帝，两个人也就都有了靠山。

事情按照孙鲁班和孙峻的设想顺利地进行着，孙峻开始大肆攻击太子，力主立孙亮为储，孙鲁班时不时的就在父亲耳旁吹吹风。孙权这个时候年老昏聩，在"二孙"及其支持者的鼓动下，终于下了决心。

那一年，先是太子孙和被废，接着鲁王孙霸被杀，而后支持孙和的朱据被人暗中指使伪诏赐死，东吴朝堂自此血雨腥风骤起。至于指使者何人，后世推断很可能是孙峻和孙鲁班。朱据去世后，孙鲁育再嫁给车骑将军刘纂。

废掉太子，除掉鲁王，并没有让孙鲁班停止她的政治杀戮。

孙权病重之时，对自己曾做过的蠢事感到非常后悔，想以"侍父疾"的名义，重新召回废太子孙和。孙鲁班自然百般阻挠，孙权只好作罢。

孙权死后，遗诏孙峻与诸葛恪、滕胤共同辅政。孙亮继位后，诸葛恪一度执掌朝政，他是孙和妻子张妃的舅舅，有传言说诸葛恪想迎立孙和。于是，孙峻暗中联合孙亮，将诸葛恪及其死党以赴宴为名诱入宫中，在宴会上将诸葛恪杀害，夷灭其三族。

孙鲁班与孙峻以诸葛恪事件为借口，剥夺孙和的王印玺绶带，将他流放到新都，又将孙和赐死。张妃不愿独活，自杀而亡，举国上下为之悲伤。

此时的孙鲁班和孙峻似乎已经杀红了眼，除掉孙和还不罢休，又将屠刀举向了自己的亲妹妹。

孙鲁育因为初嫁朱据，又被称为"朱公主"。朱公主遗传了母亲步夫人的良好秉性，规规矩矩，和善温婉。只因当初和前夫一起支持过孙和，好心劝过姐姐不要因为一己私怨干扰国家大事，便在孙鲁班心里种下了仇恨的种子，成了眼中钉、肉中刺，同胞姐妹，竟欲杀之而后快。

机会终于来了！

故太子孙登之子孙英，因不满孙峻擅权，谋划除掉他，事情泄露后自杀；孙峻的叔父孙仪与张怡、林恂等策划诛杀孙峻，事亦败，自杀。

孙鲁班趁机向孙峻举报，说孙鲁育也是主要参与者。孙峻二话不说，把孙权的亲女儿、堂堂的吴国公主也给杀了，杀完还不厚葬，草草埋在了吴国的乱葬坟石子岗。

孙鲁育的冤死，并没有给此事画上句号。

孙鲁育与前夫朱据育有一女，品性纯良，相貌出众，被孙权选为琅琊王孙休的王妃。孙鲁育出事的时候，孙休夫妇远在封地，并不知情。当噩耗传来，朱王妃哭得几乎昏厥过去。谁承想，这边正哀伤，那边已开始追查。逼得琅琊王不得不将妻子送上京城，接受审讯和盘查。送别路上，夫妻俩抱头痛哭，仿佛生离死别。

所幸朱王妃生性恬淡，从不参与政治事务，孙鲁班有斩草除根之心，却抓不住外甥女的把柄。孙峻虽然狠毒，但做事比孙鲁班还是公正一些，他认为朱王妃早已远嫁，和琅琊王远在千里之外，怎么可能参与她母亲的事呢？朱王妃堪堪躲过了这一劫。

太平元年（公元256年），孙峻梦见被诸葛恪冤魂索命，惊惧发病而死，后事托付给堂弟孙綝，孙綝开始专权。逐渐长大的孙亮不甘受人摆布，对孙綝怨恨很深。

　　孙亮自幼多受孙鲁育照顾，与姐姐感情很好，当年姐姐被杀，他还是个孩子，无能为力，如今长大成人，便思索为姐姐翻案。孙亮知道孙鲁育之死与孙鲁班有关，便质问孙鲁班："你为什么说鲁育姐参与谋杀孙峻？"

　　孙鲁班吓坏了，连忙扯谎说："我确实不知道实情，都是朱据的两个儿子朱熊、朱损告诉我的。"

　　朱损是孙綝的妹夫，孙亮旧仇新恨一起涌上心头，借口降诏怒责朱熊与朱损。孙綝劝谏，孙亮不买他的账，派丁奉诛杀了朱熊与朱损。自此，孙綝和孙亮的矛盾完全激化。孙鲁班也不知道，这一次她捅了个马蜂窝。

　　孙亮欲摆脱孙綝控制，暗中与孙鲁班、全尚、刘承谋划除掉孙綝。召全尚之子全纪千叮万嘱："你回去秘密通知你父亲，千万别让你母亲知道。她是孙綝的堂姐，又不明白国家大事，恐怕会为护短泄露军情。这就耽误大事了。"

　　全纪领命而去，告知全尚，然而全尚谋事不密，果然告诉妻子。全尚妻心疼堂弟，密告孙綝，孙綝连夜抓捕全尚，杀死刘承，废孙亮为会稽王，又改立琅琊王孙休为帝，是为吴景帝。

　　其后，孙亮的封地会稽传出谣言，说孙亮将返回建业复辟，而孙亮的侍从亦声称孙亮在祭祀时口出恶言。孙亮被再贬为候官侯，丧命于押送途中，死因不得而知。小全后独自幽居在候官20余年，直到吴亡后才得以返回吴郡。

　　这个时候的孙鲁班失去了所有的靠山，而朝堂上掌权的，可以说都是她的仇人。

　　孙綝不杀孙亮夫妇，想来也不是因为心胸豁达、高风亮节，只是不想背上"弑君"的恶名罢了。但此时权倾朝野的他，要对付一个失了势的仇人还不绰绰有余？于是，孙鲁班被孙綝政治流放，日子过成什么样可想而知。

不久后，孙休定计除孙綝，夷灭孙綝三族，又耻于与孙峻、孙綝同族，将二人族籍从族谱中削除，称之为"故峻、故綝"。随后，孙休下令，掘出孙峻棺木，取出其陪葬印绶，将棺木砍碎后直接将其尸体埋葬，以此追究他当年杀害鲁育公主的罪行。

这个时候，被残杀的孙鲁育终于平冤昭雪，她的女婿成了真真正正的皇帝，她的女儿成了堂堂正正的皇后，至于杀害她的罪魁祸首孙鲁班，会有怎样的结局？史书上没有详细记载，留给后人无尽的想象空间。

以貌取人，许允险些失了贤内助

诸葛亮的老婆黄月英，众口相传，是三国有名的丑女，同时，也是三国有名的贤妇。

据说黄月英长得又黑又小，一头黄发，身形猥琐，俗不可耐，因此得名"阿丑"。但黄月英能诗善文，博学多识，相夫教子，勤劳持家，成就了诸葛亮"功盖三分国，名成八阵图"的千秋大业。

其实在三国时期，还有一个更加丑陋，但同样智慧非凡的女人，她就是魏国大臣许允的老婆阮氏。

阮氏有多丑呢？史书上没详说，但却把她与嫫母、钟无艳、孟光并称为中国古代四大丑女，其实力可见一斑。

据说，阮氏女结婚的合卺礼行毕，丈夫许允就再也没有进过洞房，当真是被她的容貌惊到了。家人深深为此忧虑。正逢许允有客来访，阮氏命令婢女去探看，婢女回来后回答说："是桓郎来访。"桓郎，就是桓范。阮氏一听桓范来了，很自信地说："放心吧，桓郎一定会劝姑爷入房的。"

事情果然被阮氏猜中了。桓郎对许允说："阮家既然嫁丑女于你，应该别有深意，你最好仔细观察行事。"许允听了桓范的话，再一次跨进新房。但他一见妻子的容貌，拔腿又要往外溜。阮氏料想他这次出去再不会重新进房，便抓住他衣服的前襟不让他走。

许允就对她说："妇有四德（封建礼教要求妇女具备的妇德、妇言、妇容、妇功四种德行），你符合几条？"

阮氏撇撇嘴，回答："我除了长得不行，别的都行！但是男子有百种高尚的品行，您具备其中几种呢？"

许允自负地说："我百行俱备。"

阮氏立刻反唇相讥："百行以德为首位，你喜欢美色，不欣赏美德，怎能称为百行皆备呢？"

一番话，说得许允小脸通红，心怀惭愧，从此夫妻相敬相爱，感情和睦，琴瑟和谐，阮氏还给许允生了两个大胖小子。

古语说，"以貌取人，失之子羽"。孔子因为子羽身材粗短，相貌丑陋，而且笨嘴拙舌，就觉得他不是学习的料，婉言拒绝收其为徒。子羽被孔子拒绝以后，回家就埋头苦读，培养自己的德行。数年以后，他到南方游历讲学，跟他求学的有300多人。子羽的声誉传遍当时的各诸侯国，可谓狠狠地打了孔子的老脸。

许允以貌取人，则差点失了贤内助。要说这个阮氏，真比一般妇女厉害了好几个档次，她不仅才思敏捷，能言善辩，而且洞察力极强，看事情总是很准，也很有韬略。

许允担任吏部郎时，选拔的官吏多是他的同乡，曹叡因此遣虎贲卫士来抓他。许允被押出大门时,阮氏追了出来,告诫他说:"贤明的君主只能以理说服他,千万别装可怜求宽恕。"

许允被押上大殿以后,曹叡质问他,许允用妻子教的方法,以理服人,不卑不亢地回答说:"孔子说过,要举荐你所了解的人。我的同乡就是我所了解的人。陛下可以考察看他们是否称职。如果不称职,我自愿请罪受罚。"曹叡经过考察以后,确认任用的人都很恰当,二话不说就把许允放了。他看到许允的衣服被弄坏了,还下诏赐给许允新衣服。

许允刚被抓捕时,一家老小都吓坏了,哭声不绝,只有阮氏镇定自若,还不断安慰大家:"别担心,我老公一会儿就会回来的。"她还亲自下厨熬了小米粥,等许允回家吃饭。果然,没过多久,许允就安然无恙地回来了,还带回一套新衣服。

若干年后,镇北将军刘静去世,朝廷调许允为镇北将军,持朝廷符节都督黄河以北的各项军务。许允成了封疆大吏,眉飞色舞,高兴地对妻子说:"好日子就要来了,我终于可以不再担心有祸事发生了!"而阮氏却忧心忡忡,叹息说:"灾祸就是从此开始的,怎么说不会有祸事呢?"果然,又被阮氏一语命中。

许允临行前,新皇曹芳诏命宴会群臣,特别招引许允坐在自己身边。分别时,许允失声痛哭。这可就招了司马氏的忌恨,再加上他与"保皇党"李丰、夏侯玄等人交好,于是还没等他上路,司马师就授意别人弹劾许允放散公物,交廷尉治罪,许允最终死在流放乐浪的路上。

当门生跑来告诉阮氏这个噩耗时,阮氏正在织布,她听了没有哭,只是淡淡地说:"早知道会这样。"为了避免司马师杀害许家后人,仆人想把许允的两个儿子藏起来,阮氏摆摆手,不关孩子们的事,他们暂时没有生命危险。

后来,阮氏带着全家搬到许允墓地附近。司马师派钟会去祭拜许允。

说是祭拜，其实是监视，试探一下许允的儿子们。司马师交代，如果许允儿子的才能赶上或者超过他父亲，就把他们抓起来。

许允的儿子为此咨询母亲，阮氏说："你们虽然品行优良，但才能并不大，只管诚恳地和钟会说话，就没什么可担心的了。也不必太过悲伤，钟会不哭了你们也不哭了。还可以稍稍问一点朝中的事情。"儿子们按母亲说的话去做了。钟会回去后，把情况告诉了司马师，许允的儿子们就幸免于难了。

许允死后，在阮氏的悉心教导下，长子许奇在晋武帝年间被提拔为祠部郎，司马炎称赞其才德，时论称其夷旷。次子许奇有治理才学，晋惠帝年间担任司隶校尉。